夏河话唇形特征研究

朱生银　编著

中国农业大学出版社
·北京·

内容简介

本书聚焦于藏语夏河话，通过运用实验语音学的研究手段，借助尖端实验设备，精确捕捉发音人的唇形动态信号和音视频信息。我们深入探索了发音过程中影响语音变化的唇形动态特征，以期更全面地理解发音现象和生理机制。随着语音学的不断进步，新方法、新设备为我们提供了更为精准的测量手段，这无疑增强了我们对发音现象和生理机制的认知。这一研究不仅对语音合成领域具有指导意义，而且有助于解决语言学习者的发音问题。对于藏语夏河话的发音特征和变化规律，本书的研究成果具有重要意义，不仅丰富了我们对藏语夏河话的认识和理解，还为语音合成、语言学习、藏学研究等领域提供了宝贵的参考和启示。

图书在版编目(CIP)数据

夏河话唇形特征研究 / 朱生银编著 . --北京：中国农业大学出版社，2022. 9

ISBN 978-7-5655-2870-5

Ⅰ. ①夏…　Ⅱ. ①朱…　Ⅲ. ①西北方言—方言研究—夏河县　Ⅳ. ①H172. 2

中国版本图书馆 CIP 数据核字(2022)第 175330 号

书　　名　夏河话唇形特征研究
作　　者　朱生银　编著

策划编辑	刘　聪　韩元凤	**责任编辑**	韩元凤
封面设计	李尘工作室		
出版发行	中国农业大学出版社		
社　　址	北京市海淀区圆明园西路 2 号	**邮政编码**	100193
电　　话	发行部 010-62733489，1190	读者服务部	010-62732336
	编辑部 010-62732617，2618	出　版　部	010-62733440
网　　址	http://www.caupress.cn	**E-mail**	cbsszs@cau.edu.cn
经　　销	新华书店		
印　　刷	河北虎彩印刷有限公司		
版　　次	2022 年 9 月第 1 版　　2022 年 9 月第 1 次印刷		
规　　格	148 mm×210 mm　32 开本　6.125 印张　174 千字		
定　　价	28.00 元		

前　　言

近年来，随着语言学与计算机科学的紧密结合，通过先进的实验设备和计算机软件的结合，揭示了越来越多的语言现象。本书采用了三维运动捕捉技术，获取了藏语夏河话的唇形动态数据，旨在分析和探讨在发音过程中唇形视位特征变化与音位之间的关系。

音位是语言系统中能够区别意义的最小语音单位，而与之相对应的是嘴唇、舌头及下颌等可视部分的物理状态，即视位。在各种语言系统中，音位和视位都扮演着重要的角色。

在早期的研究中，为了详细了解发音时唇形的变化特征，研究者们通常利用摄像机拍摄发音人的正面和侧面面部特征，并通过计算机运算得出唇形指标数据。然而，这种方法存在较大的误差，会对实验结果产生一定的影响。随着技术的发展，红外线人脸运动捕捉技术逐渐被应用于该领域的研究，大大提高了实验数据的准确性。本文所使用的设备是在该技术的基础上进行优化，进一步提升了数据的质量。通过对这些数据的分析，我们可以更加深入地了解藏语夏河话的发音特点，探索音位与唇形特征之间的关联。这不仅为藏语夏河话的研究提供宝贵的资料，同时也为其他领域的研究提供了新的方法和思路。

在研究唇形的生理特征时，利用国际标准 MPEG-4（Moving Picture Experts Group）定义藏语夏河话人脸参数特征点，这些特征点包括嘴唇、鼻子、下颌等部位的坐标位置。根据实验目的，本书只对唇形特征点的三维坐标进行提取和计算，可以得到嘴唇的宽度、高度、突度和嘴角拉伸度等数据。这些数据对于揭示发音过程中唇形的变化与音位的关系非常重要。通过分析这些数据，可以观察到发音时嘴唇形状的变化，以及这种变化如何影响发音的质量和清晰度。这种分析方法可以帮助我们更好地理解语音的生理特征，从而为语音学和语言学研究提供更准确、更深入的数据支持。

编著者

2023 年 9 月

目　　录

第1章 绪论

1.1 选题背景、目的和意义

1.1.1 研究背景

随着实验语音学的飞速发展，语音学研究的范围已经突破了只限于声学的研究。研究者发现发音器官的视觉信息对言语产生及言语感知同样起着重要的作用，所以越来越多的研究者开始关注可视语音(Audio-Visual Speech)研究。许多研究证明，声学语音和可视语音之间的相互作用对于我们理解语音内容非常重要。

在人们的日常交流中，尽管声音是最重要的互动方式，但可视器官在互动过程中也起着传递信息的作用。在整个可视器官中，嘴唇属于视觉传递信息的重要组成部位，因为嘴唇是整个发音过程中实现语言产生的最后一个器官，也是唯一一个可见的器官，起着调节、辐射等重要作用。所以在可视语音的研究中，嘴唇的研究一直受学者们的青睐。因此在语音学研究的早期，人们就开始关注唇形与语音之间的关系。Bell(1979)在《可视语音》中将"唇开展"设为描述元音音质的因子之一。Calvert 等(1997)用功能性核磁共振证明不带语音的嘴部运动同样可以刺激大脑的语言区。McGurk 效应(Macdonald and McGurk，1978)证明视觉感知会影响听觉感知的结果，两者有密切的关系，起到互补的作用。对于听觉能力正常的人来说，语音感知主要以听觉信息为主，视觉信息起丰富听觉信息的作用。对于处在嘈杂环境中或者听力有障碍的人来说，语音感知主要从视觉信息获取，而且这个渠道起主导作用。

目前，对可视语音的研究主要从两个方向进行：一是语言学理论领域，如言语的产生和言语的感知，用语言学方法研究语言的特点，并对照国际音标整理出发音词表，采集发音人的音频数据和发音器官的动态数据，从数据中提取可视器官变化的参数，之后结合语音信号进行分析，最终得到影响语音变化的视位数据来分析语音特征。二是言语工程方面的研究，包括语音合成和语音识别等，如数字图像处理、语音信号处理等。用数据和模型来驱动人脸动画合成技术是一个综合性的工程，涉及语言学、计算机、心理学、人体解剖等学科。

在语言学理论领域的研究中，从众多的研究方法来看，相对应用较多的主要有两种：一是运用深度学习的方法，从海量数据中提取出发音人的视位特征，通过计算机自动学习分析这些视位参数，最终能得到较为理想的结果。然而缺点是数据采集、数据处理需要大量的人力、物力才能完成。二是通过语言学的方法，整理发音词表，采集样本数据的视位特征，提取唇形参数，并结合音视频信号进行分析，最终确定视位参数对语音的影响。这种方法的优点是：人力、物力相对投入较少，能在短时间内提取出所需要的常用视位数据，而且准确性较高。缺点是无法获取海量数据的支撑，使数据容易片面化。本研究将采取第二种方法对藏语夏河话进行分析和讨论。为了避免出现第二种方法所提到的弊端，笔者整理词表时在参考了大量文献的基础上，又多次到甘肃省甘南藏族自治州夏河县进行调研，对资料的整理、音标标注、校正、查实等做了一系列翔实充分的工作，所以本研究所用词表相对准确、规范和全面。

1.1.2 选题目的和意义

1. 目的

本研究以藏语夏河话为研究对象，通过实验语音学的研究方法，借助高精密度实验设备采集发音人的唇形动态视位信号和音视频信号。采集完成的信号将严格按照相关规范进行切分、标注、提取。从语言学层面对其进行动态唇形特征研究。此研究可以更全面地了解藏语夏河话的发音现象和发音生理机制，同时研究结果可为藏语合成领域的学者们提供参考，也有助于解决藏语学习者的发音问题。此方法也适用于其他语言的研究。

(1)首先，综述了国内外可视语音的研究和藏语方言的划分及藏语可视语音的研究现状，来帮助我们理解藏语各方言的特征，对夏河话可视语音研究起到了指导作用。其次，通过收集和整理夏河话词汇和现有音系资料，总结归纳发音词表、采集动态视位数据和音视频数据，并依据国际标准 MPEG-4(Moving Picture Experts Group)对藏语夏河话的视位特征进行分类和标注，这样也能为藏语可视语音研究提供参考依据。

(2)通过分析藏语夏河话动态视位特征，对元音和辅音的动态唇形视位进行口型分类。

(3)本文将借助藏语夏河话的人脸运动捕捉的三维动态视位数据，绘制藏语夏河话元音和辅音所对应的目标位置唇形视位图。

2. 意义

安多方言是我国境内藏语三大方言之一，是保留了较多古藏语特征的方言，王双成(2012)认为从音韵的存古特征看三大方言的关系为“安多方言＞康巴方言＞卫藏方言”，所以对安多方言的研究无疑具有重要意义。但安多方言按照生活地域又可以分为农区土语、牧区土语和半农半牧土语等，虽然同属安多方言，可语言内部区分也有较大差别，如果全面分析安多内部所有方言，从人力、物力上来说是无法完成的，只能选择最具代表性的一种来完成。笔者在前期做了大量文献整理工作的基础上，最终选择以甘肃省甘南藏族自治州夏河县方言“夏河话”为例进行研究。

(1)藏语夏河话是典型的无声调语言，复辅音比较多。本文将以可视语音的研究方法分析藏语夏河话的语音特征，了解其发音特征、发展和演变规律，同时对言语产生的唇形生理特征进行分析和讨论。本文的研究方法和结论将对相关研究起到指导和促进作用，并对可视语音合成、机器自动唇读、虚拟现实和双模态语音识别的研究提供重要的参考。此外，该领域的研究成果具有较高的实际应用价值和广阔的市场应用前景。

(2)响应国家语言资源保护工程和服务地方文化建设。汉语方言和少数民族语言是文化资源和非物质文化遗产。从语言保护的立场出发进行科学研究,响应国家语言资源保护工程,同时为保护民族语言文化和服务地方文化发展做出一定的贡献。

(3)本文利用人脸运动捕捉仪提取藏语夏河话的动态视位特征,同时采集音视频数据,利用多模态的方法对夏河话的元音和辅音进行声学和动态视位探究。利用本实验所涉及的设备开展语言学的相关研究具有一定的创新和挑战。

(4)在本文的研究中,唇形特征研究主要提取在发音过程中外唇宽度、外唇高度、内唇高度、上下唇的突度及嘴角拉伸度等指标参数。声学研究主要提取共振峰参数。通过上述参数的分析和讨论,对圆唇元音的定义做进一步完善,对辅音的唇形特征做详细的描述。

1.2 国内外研究现状

1.2.1 语言学理论领域研究现状

音位(phoneme)在语言中能表示语义的单位,是语言或方言中能够区别意义的最小的语音单位。根据国际语音学协会的定义,音位是“某个语言里不加分别的一族相关的声音”。叶蜚声、徐通锵(2019)在《语言学纲要》中则更进一步地指出“音位是具体语言中有区别词的语音形式作用的最小语音单位”。一个音位可以有多种不同的发音,但是对于发音人来说,他们认定的都是等同的,甚至在发音过程中无法察觉语音上有什么不同,这种音位内的不同发音,称为同位异音或音位变体。音位可被视为是一族相关的声音,然而,为了便于描述一个音位,会在所有声音中选取最具代表性的一组或一个来代表整组声音。

Fisher 在 1968 年提出了视位(Viseme)的概念,指描述人在发音时唇形、下颌、舌头等可视器官的位置变化。Fisher 在定义 Viseme 时用“Visual”(视觉)和“Phoneme”(音位)两个单词融合而成。从“视位”的英文单词中可以看出,Fisher 是把“音位”和“视位”紧密地联系在了一起。随着可视语音的深入发展,由国际标准化组织(ISO)和国际电工委员会(IEC)联合成立的“运动图像专家组”(Moving Picture Experts Group,MPEG-4)正式把视位的概念以国际标准的形式确定下来,英文大意为“Viseme is the physical configuration of the mouth, tongue and jaw that is visually correlated with the speech sound corresponding to a phoneme”,汉语意思解释为:人在发音时,与音位相对应的嘴唇、舌头及下颌可视部分的物理状态。音位是某种语言中区别词的最小语音单位,音位对应的视位就是可视语音中区别词的最小视位单位。

视位在视觉域所感知和产生言语,音位在听觉域所感知和产生言语。虽然两者的部分功能是通过人体不同的生理器官来完成中枢任务,但视位和音位在传递过程中有必然的联系。在连续语流过程中,一个视位对应听觉域中具有相同音位的一个或多个音位。视位能同时反映说话时的听觉和视觉特性。音位与特定语言密切相关,因此音位也取决于语言。不同的语言具有特定的音位集和独特的发音特征,因此无法完全共享不同语言的音位。音位与视位之间存在多对一的映射关系。由于协同发音的影响,同一声母在不同的拼音组合中视位可能发生变化,音位到视位的映射也不是一一对应的。

根据 MPEG-4 的定义,可以看出视位和音位具有对应的关系。不同的语言具有不同的视位系统。同样,不同的语言应具有不同的音位系统。MPEG-4 标准定义了静态状态下的英语视位特征,并将国际音标分为 15 个静态视位位置,如表 1.1 所示。

表 1.1　MPEG-4 中定义的视位和相关音素

序号	音位	举例	序号	音位	举例
0	none	na	8	n,l	lot,not
1	p,b,m	put,bed,mill	9	r	red

续表1.1

序号	音位	举例	序号	音位	举例
2	f,v	far,voice	10	A:	car
3	T,D	think,that	11	e	bed
4	t,d	tip,doll	12	I	tip
5	k,g	call,gas	13	Q	top
6	tS,dZ,S	chair,join,she	14	U	book
7	s,z	sir,zeal			

随着研究的深入,MPEG-4 给出了视位的定义和标准,加快了语言学家对可视语音的研究。虽然 MPEG-4 定义了 15 个基本的静态视位,但在实际应用中对不同的研究方向需要做一定的修改和补充。目前国际上已有许多学者依据这个标准研究了不同语言的视位,包括视位的分类、参数化描述方法、动态变化规律等等。

Dodd 等(1987)通过实验数据分析将英语分为 10 个视位。而 Ezzat 等(1998)将英语又分为 16 个视位。在汉语普通话中,王安红(2000)采用了多特征研究,通过对比唇形视位的唇宽度、高度、上下唇突度等指标,再结合牙齿和下颌的位置变化进行分析后认为,汉语的语音视位可以分为 7 类。王志明、蔡莲红(2003)利用实验,对视位参数进行自动估计,最终把汉语普通话分为 28 个视位。晏洁(1998)根据汉语拼音的构成及发音时唇动变动特点,首先定义了一个基本口型集,其中包括 6 种基本口型。钟晓、周昌乐、俞瑞钊等(1999)借助汉语发音口型的生理特点,在音素识别这一水平上进行汉语语音的辅助识别,将汉语的视位分为 10 类。而在其他语种方面也有不少学者提出了视位分类,如德语、瑞典语、意大利语、荷兰语等。Morishima 和 Harashima(1991)将国际音标和 17 个口型相对应,Chun-Ho Cheng 和 Lai-Man Po 将国际音标和 18 个口型相对应等。在藏语方面,何向真(2016)把藏语拉萨话分为 17 个视位进行研究。在藏语安多方言的研究中暂时还没有相关的参考文献。同样,因为视位定义比较晚,国内外一些学者仍然沿用早期可视语言的概念如"口型""唇形""嘴唇"等较相似的词来描述发音特征。虽然定义有所不同，但是不难发现，在描述可视发音过程中，唇形依然是最重要的发音器官。

言语是在中枢神经系统的控制下产生的，发音器官接受指令后，产生一系列动作来完成，发音过程中每个发音器官都扮演着重要的角色。首先，气流通过声道的共振形成具有语言特征的声波，之后再通过口腔或鼻腔的共振发出语音信号。不同的语音信号由舌头和唇形的配合来完成，舌头按照舌位的前后高低来改变共振腔，形成不同的音色。而嘴唇则是通过唇形的圆展改变音色。通过唇形参数的统计与对比，可以研究语言产生过程中语音的开口度大小、发音时间的长短、辅音成阻和除阻状况等指标。

在提取唇形数据的过程中，按照研究内容不同，提取的数据也不一样，通常有两种数据提取方法：一是提取发音人的二维唇形数据，通过普通摄像拍摄发音人头部正面，后期通过计算开口度大小、唇宽度等数据即可。三维唇形数据采集早期同样使用摄像机拍摄，在二维正面采集的基础上，侧面再加一台摄像机，这样可以采集到说话人的唇突度值。清华大学王志明(2003)利用正面和侧面摄像机采集发音人的静态视位。二是通过红外线运动捕捉技术来提取人脸面部数据。北京大学的潘晓声(2011)采用红外线捕捉技术采集汉语普通话视位进行研究。

1.2.2　语音合成、识别等工程领域研究现状

计算机动画合成的虚拟唇形，在商业和娱乐方面能更好地体现出语音合成所带来的研究价值。同时可视语音的合成将为虚拟人说话时唇形自然度的提高提供理论依据和实用模型。运动捕捉技术在唇形合成和面部表情模拟等研究领域中越来越受到关注。运动捕捉(motion capture)技术是近年来发展起来的一种新兴的数据获取手段，能够实时记录和还原表演者的运动。在人唇形动画仿真的过程中，如何通过单个演员的表情数据驱动不同人的唇形模型，是当前研究的一个重要课题。如王倩(2010)在研究三维人脸嘴唇运动的合成时，选择左、右嘴

唇角以及上、下嘴唇边界点的特征点以提取运动数据，提出了一种基于水平集的轮廓提取方法来提取运动特征数据。利用 MPEG-4 动画标准，分别对逼真的三维人脸和二维卡通化头像进行嘴唇运动合成。安丹丹(2009)在 MPEG-4 的基础上定义了一个新的口型 LAP 模型，并且将这种控制口型的 LAP 设定为 28 个，最终获得了较为理想的效果。王志明(2003)在汉语可视语音的研究中，利用自动估算对汉语特点进行分析和讨论，同时分析了不同方法下的视位建模方法，还对音频和视频映射等问题进行了深入研究。

杨明浩(2013)研究了说话人无关的语音驱动发音可视化。哈尔滨工业大学的孟庆梅等(2010)研究了基于视位的仿人头像机器人的基本口型系统，其研究的口形系统能够再现基本口型与基本视位的对应，并且达到了动态口型和语音的合成效果。北京大学的潘晓声(2011)研究了汉语普通话唇形协同发音及可视语音感知，其研究结果可以服务于可视语音合成以及普通话辅助教育等方面。

1.2.3 藏语方言的划分和可视语音研究现状

20 世纪 50 年代经过中国学者的调查，一般将国内藏语分为三大方言语系：卫藏方言、康方言、安多方言。按行政区域划分，卫藏方言主要分布在我国西藏自治区的大部分地区。康方言主要分布在四川的甘孜藏族自治州、阿坝藏族羌族自治州、木里藏族自治县，西藏自治区的昌都市，云南省的迪庆藏族自治州，青海省的玉树藏族自治州等地区。安多方言主要分布在青海省(除玉树藏族自治州)、甘肃省以及四川省的部分地区。

安多方言的分布范围很广，发音上也有一定的区别。安多方言是无声调的语言，有别于卫藏方言和康方言。但安多方言区内部的人民可以自由交流，并没有像三大方言在语音上有明显的区别。如藏文སྐམ་ཤ(牛肉)，拉萨话的音是/tsha ɕa/(本文所使用的送气符号均采用“h”)，而安多方言区的夏河、同仁、红原、天俊等地方的音是/hkam xha/，循化话里的音是/hkan ɕa/，化隆话的音是/hkan ɕha/。藏文词ངར་བ(酸浆），拉萨话发/tha ra/音，夏河、同仁、循化、化隆、红原、天俊等地发/ta ra/音。从上述两个例子来看，安多话与拉萨话有较大的差异，而且安多话内部也有一定的不同。根据其语音、词汇和语法的差异，安多方言又可分为两个土语群：一是牧业区土语群，主要包括泽库、玛曲、班玛和四川的阿坝等地区的安多方言；二是农业区土语群，主要包括天祝、夏河、同仁和循化等地区的安多方言。比如藏文词རྟ་ར（马圈），牧业区土语群中的红原和天俊话发/rta ra/音，农业区土语群中的循化和化隆话发/hta ɤaŋ/音。从表 1.2 可以看出安多方言内部的发音区别不是很大，所以相互沟通几乎无障碍。

表 1.2 安多方言内部发音比较

藏文	汉语	夏河	同仁	循化	化隆	红原
འགོ་པ	头人	hwon bo	ngo wa	hwon bo	ngo wa	ngo wa
ཨ་ཕ	父亲	ar d ʑa	a pa	a pa	a dʑa	a pa
བྱ	鸟	ɕa	ɕa	ɕa tə	ɕa	wɕa
འཛབ་ཙེ	镊子	ndʑap tse	ndʑap tse	ndʑan tsi	ndʑan tsi	ndʑap tse
ཚྭ	盐	tsha kə	tsha kə	tsha kə	tsha kə	tsha
ཉི་འཛིན	日食	ɲə ndzən	ɲə ma tsha	ɲə ma tsha	ɲə ma tsha	ɲə ndzən
ས་ཕག	砖	tɕo mak	cɕo mak	tɕo mak	tɕo mak	tɕək rtse
གོ་ས	地位	ko sha	ko sha	ko sha	ko sha	ko sha

夏河话是安多方言区的典型代表，按地域划分夏河、同仁、贵德等地的语音特征介于农业区和牧业区之间，所以将夏河话又分类为半农半牧区方言，其语言有着不同于牧区和农区方言的特殊性质。

目前，国内外许多学者进行藏语语音研究，并取得了一定的研究成果。郑文思(2013)根据藏语夏河话的语音特征，利用算法提取并分析了夏河话的唇形静态视位参数，最终以文本驱动的方法对藏语夏河话进行合成，取得了比较理想的结果；张冬旭(2014)在藏语夏河话复辅音的研究中，对唇位进行了全面的分析，对夏河话的复辅音音节的唇形变化进行了分析；丁丽娟(2012)通过聚类分析的方法对夏河话元音进行了讨论，并且得到了藏语夏河话的元音静态视位，同时对 9 类静态唇位进行了描述；张金爽(2012)对藏语拉萨话新闻朗读的韵律特征、新闻朗读的呼吸特征以及新闻朗读的呼吸和韵律关系进行了研究；陈小萤、艾金勇、于洪志(2015)认为藏语拉萨话元音在不同的音节结构中受协同发音作用的影响，其共振峰会受到不同程度的影响；马宁(2013)在藏语夏河话的研究中，通过声学特征和元音分布格局对不同结构的音节内协同发音进行了描述；何向真(2016)用动作捕捉仪对藏语拉萨话进行了视位特征研究，建立了一套 350 个单音节的音视频和三维空间运动对应的视位参数数据库。

第2章 实验方法及数据处理

2.1 实验设备

实验设备均来自民族语言智能处理重点实验室。该实验室有专业的录音室和运动捕捉场地，并且有国内外顶级的设备和出色的管理团队。

2.1.1 动态视位采集设备

Vicon Cara 是世界上第一个开箱即用式表情捕捉系统，借助可定制的头部装置、4 个高清摄像头、专用跟踪运算软件和数据记录器，可以轻松实现电影级面部动作捕捉。通过 4 个高解析度的高速相机来同步捕捉每个动作之间的细微差别，保证还原出精确的面部动作。Vicon Cara 的设计满足高端面部表情捕捉系统的需求，在拍摄精度上，支持所有行业标准的帧速率，可以记录高达 60FPS 的 720p 视频。独特的跟踪与校准算法保证了精确的数据处理结果，同时还采用模块化双摄像机或单摄像机的配置，完美配合 Dynamixyz、Faceware 和 Cubic Motion 等成熟的表情系统跟踪及解算的解决方案。专门设计的头盔式动作捕获设备符合人体工学，发音人能够在不受到任何影响的状况下进行测试。图 2.1 左图为发音人戴好头盔等待时的场景，右图为软件界面显示效果。

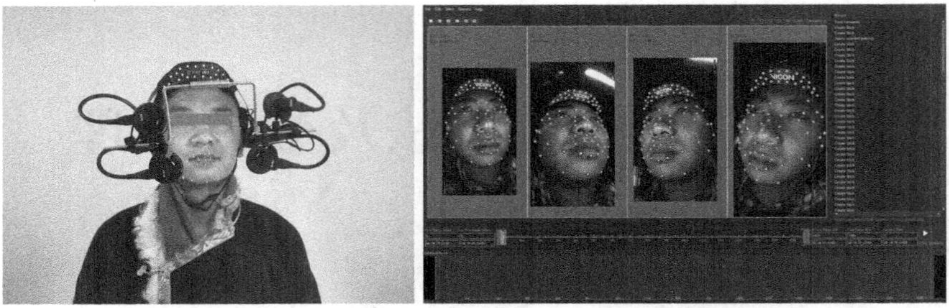

图 2.1 Vicon Cara 红外三维面部运动捕捉系统

2.1.2 音视频采集设备与处理

一般认为，使用摄像机自带的录音功能所采集到的语音信号不如外置声卡采集的好。但在实际操作中，发现用一台计算机存储动态视位数据，另一台计算机采集语音，这样操作虽然可以提高音频质量，但在进行两种信号的同步时带来了很大的工作量。鉴于本实验所需音频信号要求不高，所以本文使用摄像机和无线麦克风来采集音频信号。

视频剪辑软件使用 Adobe primere。Adobe primere 是专业的视频剪辑软件，可以对采集的样本进行编辑处理。本实验所需样本以音节为单位独立分析，所以需要把录制的视频进行切割。在切割时不能以有声段为标准进行分割，而是要确保从发音准备阶段到发音结束后恢复到自然状态的完整，所以要参考视位数据进行切割。在切割视频的同时音频数据也自然随视频被切分。图 2.2 是 Adobe primere 处理样本视频文件时的界面。

Adobe Primere 输出的音频格式为 *.wav，文件可以直接在音频分析软件 Praat 分析，Praat 具有专业的语音学声音信号处理的能力，是一款跨平台的多功能语音学专业软件，主要用于对数字化的语音信号进行分析、标注、处理及合成等实验，同时生成各种语谱图和文字报表供实验人员参考。图 2.3 是用 Praat 软件分析音频数据的界面，本文所有的三维语谱图和共振峰数据均来自 Praat。

图 2.2　Adobe primere 处理样本视频文件时的界面

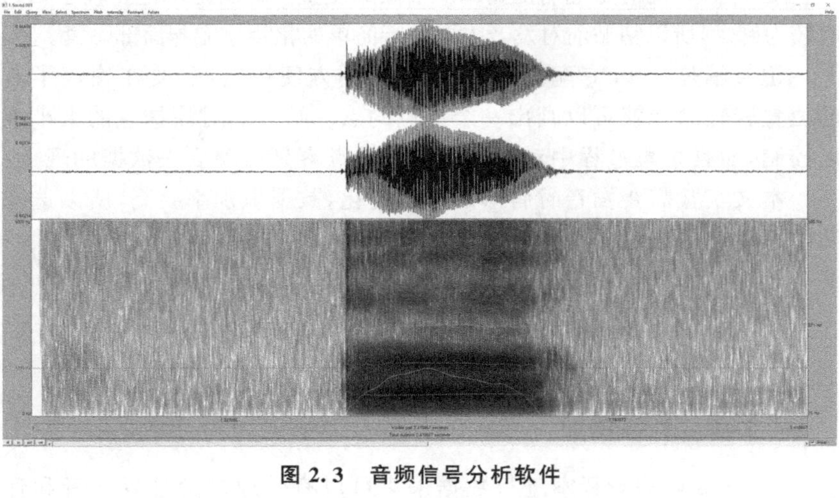

图 2.3　音频信号分析软件

2.1.3 提词器

发音人要对一组词表或一篇文章进行朗读，而又不可能将所需要朗读的内容在短时间内完全记住，也不可能一直拿着手稿去看，这样影响拍摄，所以需要提词器来帮助发音人解决此问题。提词器是一种平时生活中并不常见的设备，但在演播室等工作环境中是必不可少的。提词器固定在摄像机上正对着发音人，屏幕上面可显示所朗读的内容，这样发音人就可以集中注意力对着镜头去朗读。

2.1.4 标记点和记号笔

面部标记点标记的方法有两种：一种是反光球标记，另一种是记号笔标记。

标记点标记是常用的方法，通常使用面部捕捉需要直径为 0.3～0.5 mm 的点。标记点为反光材料所制，可以通过摄像头自带 LED 灯光产生反光效果，能清楚地捕捉到每一个点的位置。缺点是标记点较小粘贴时较为麻烦，所以粘贴前对发音人要进行简单的化妆才能与面部贴紧。

记号笔是 Cara 专配的标记工具，使用方便快捷，只要在确定了点的位置轻轻涂抹就可以画出一个深色的点。缺点是对涂抹点的大小难以控制，而且采集过程中对涂抹不清楚的点容易出现丢失数据的现象。

本文实验需要发音时唇形的微妙变化，数据识别率要高，所以选择粘贴标记点的方法。

2.2 实验场地及发音人

2.2.1 实验场地

(1)在专业的录音室进行数据采集可以有效地避免外界杂音和环境干扰，提高数据采集的质量。但本实验所涉及的音频数据要求并不高，所以选择在摄影棚完成采集即可满足实验要求。

(2)Cara 摄像头自带可调节亮度的 LED 灯光,所以不需要专业灯光辅助。录音室自带灯光满足录像要求即可。特别需要注意,在采集过程中 Cara 摄像头所对的位置不能出现光源和反光点。

2.2.2　发音人身份

3 位发音人,均来自甘肃省甘南藏族自治州夏河县县城,其中男生 1 人女生 2 人,3 人均为某高校学生。发音人要求五官端正,发音流利,无语言障碍等疾病。实验要求在采集时必须按照夏河话读词表,确保采集到的是藏语夏河话语音。在读词表时,要从唇形自然状态开始,发音完成后,恢复到唇自然状态。两个词之间至少停顿 2～3 s,以减少样本间的互相干扰。

1# 发音人:周 * *,女,26 岁。

2# 发音人:桑 * *,男,27 岁。

3# 发音人;拉 * *,女,27 岁。

2.3　数据采集及准备工作

2.3.1　标记点粘贴

实验依据 MPEG-4 所定义的夏河话 FDP 位置点,对发音人进行面部标记点粘贴,考虑到研究范围不同,所以只选择唇形和下颌及辅助点共 36 个,如图 2.4 左图为 MPEG-4 的定义点,中间图为发音人实际粘贴的标记点,右图为电脑输出后标记点的状态。

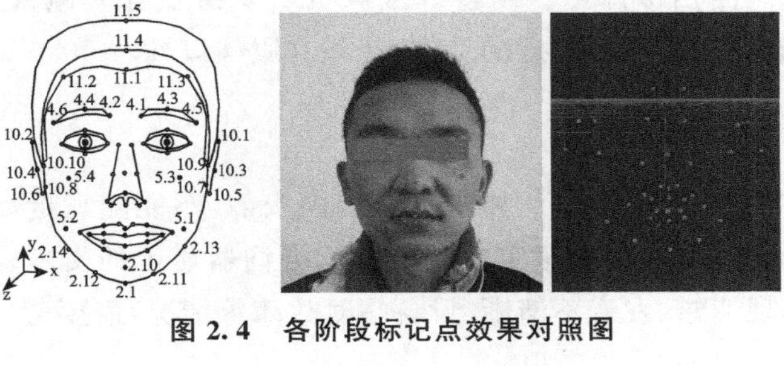

图 2.4　各阶段标记点效果对照图

2.3.2 佩戴头盔式捕捉仪

标记点粘贴好之后，发音人便可佩戴头盔，在佩戴过程中必须有专人负责配合发音人来完成。

头盔佩戴好之后，需要手动调整各摄像头的位置和焦距，如图 2.5 所示，然后再从软件中调整各项参数，确保软件识别到所有的点。受环境和不同发音人生理所限，需要对每一个参数反复调整比对，才能达到最佳。

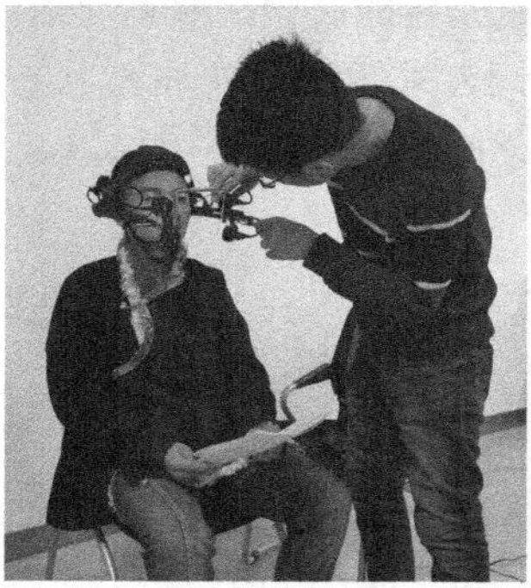

图 2.5　工作人员调整摄像机位置和焦距

2.3.3 摄像机拍摄和无线麦克风佩戴

摄像机所采集的数据主要用于后期辅助实验的分析，所以对拍摄要求不高，由于受设备的影响，无法完整地拍摄发音人的侧面影像，所以只选择正面拍摄即可。调整好摄像机后要给发音人佩戴无线麦克风，尽量放置在离嘴巴较近的地方，比如衣服领口处。

2.3.4 数据采集

所有准备工作就绪后，要求保持场内安静，不能随意走动，以免干扰发音人员。发音人按照实验要求朗读提词器显示的文本，在朗读过程中如出现读错、发音不清晰、设备临时故障等情况，需要暂停或重读。

2.4　藏语夏河话语音系词表定义

由于藏语夏河话的特殊地位，词表设计尤为重要。其间还多次到甘肃省甘南藏族自治州夏河县进行调研。本实验词表设计参考了大量的文献，并和多位藏族学者讨论后才最终确定。词表的设计以五省区藏语文课本（小学 12 册、初中 6 册、高中 6 册）、《藏汉大字典》《新编藏文字典》、藏语远程教育网等为依据，涉及词汇近十余万条，最终通过对比和筛选确定了本实验词表。

本文的调查方法和词汇核对严格按照北京大学孔江平(2011)教授等编辑的"藏语方言调查表"进行。用于实验数据采集的文本分为 6 个部分，分别是序列号、国际音标、藏文、中文含义、英文含义和音节音标。序号的主要功能是方便记录数据采集和区分，藏文是采集数据过程中发音人要朗读的部分，汉语和英语是在后期研究时用于互译和辨认，国际音标用于划分音节类型和信号采集时听辨发音人读音。

2.4.1　元音发音词表

根据前人的总结和文献参考，藏语夏河话有 8 个单元音韵母，常用的有 6 个，分别是/i/、/e/、/a/、/ə/、/o/、/u/，而/ɛ/和/ɔ/在夏河话中出现频率较低，所以本文只针对常用的 6 个元音进行动态视位研究。

从图 2.6 可以看出，其中/i/、/e/、/a/为前元音，/ə/为央元音，/u/、/o/为后元音。元音/i/在发音时口型整体呈扁平状。元音/e/在发音时嘴唇开度适中。元音/a/在发音过程中开口度较大。元音/ə/在发音过程中肌肉相对放松，双唇扁平。元音/o/是一个圆唇元音，元音/u/是一个高圆唇元音。

表 2.1 是藏语夏河话元音实验词表，元音/i/对应藏文གཉིས(二)，发/hȵ̥i/音；元音/e/对应藏文རས(布)，发/re/音；元音/a/对应藏文ཨ(啊!)，发/_a/音；元音/ə/对应藏文ཨུ，发/_ə/音；元音/o/对应藏文ཨོ(哦!)，发/_o/音；元音/u/对应藏文དངུལ(银子)，发/hȵ̥u/音。

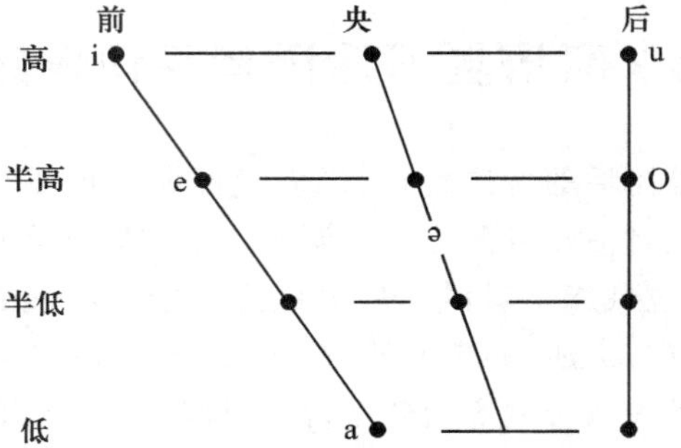

图 2.6　藏语夏河话元音舌位图

表 2.1　藏语夏河话元音实验词

序号	1	2	3	4	5	6
藏语夏河话元音	i	e	a	ə	o	u
对应的藏文	གཉིས	རས	ཨ	ཨུ	ཨོ	དངུལ
汉语释义	二	布	啊！	—	哦！	银子
国际音标	hȵi	re	ʔa	_ə	_o	hŋu

2.4.2　辅音发音词表

华侃(2002)在《藏语安多方言词汇》一书中整理了藏语夏河话的音系，认为藏语夏河话共有声母 67 个，其中单辅音声母 38 个，复辅音声母 29 个。依据发声部位分类，藏语夏河话单辅音声母可分为双唇音、舌尖前音、舌尖中音、舌尖后音、舌面前音、舌面中音、舌面后音和喉音共 8 种类型。①双唇音有/p/、/p^h/、/b/、/m/、/n/、/r/、/w/；②舌尖前音有/t/、/t^h/、/d/、/ʦ/、/$ʦ^h$/、/dz/、/n/、/r/、/s/、/sh/、/z/；③舌尖中音有/ɬ/；④舌尖后音有/tʂ/、/$tʂ^h$/、/dʐ/、/ʂ/、/ʐ/；⑤舌面前音有/ʨ/、/$ʨ^h$/、/dʑ/、/ȵ/、/ɕ/、/ʑ/；⑥舌面中音有/j/；⑦舌面后音有/k/、/k^h/、/g/、/ŋ/、/x/、/zh/；⑧喉音有/h/。

复辅音声母包括：/nb/、/ndz/、/nd/、/nʥ/、/ndʐ/、/ng/、/hp/、/hts/、/ht/、/htʂ/、/htɕ/、/hk/、/hb/、/hd/、/hdz/、/hdʐ/、/hʥ/、/hg/、/hm/、/hn/、/hɲ/、/hŋ/、/hs/、/hl/、/hɕ/、/hj/、/hw/、/kw/、/ŋw/。

(1)塞音实验：藏语夏河话的塞音共 6 个，选取代表性的/pʰ/、/t/、/k/后接元音/a/，形成 CV 结构的双音位音节进行实验分析。从表 2.2 可以看出塞音/pʰ/对应的藏文ཕ(藏文字母)，发/pʰa/音。塞音/t/对应藏语ད(现在)，发/ta/音。塞音/k/对应藏语ཀ་བ(柱子)，发/ka/音。

表 2.2 藏语夏河话塞音实验词

序号	1	2	3
塞音	pʰ	t	k
藏文	ཕ	ད	ཀ་བ
汉语释义	—	现在	柱子
国际音标	pʰa	ta	ka

(2)塞擦音实验：藏语夏河话的塞擦音共 6 个，选取代表性的/ʦʰ/、/tʂ/和/ʨ/后接元音/a/，形成 CV 结构的双音位音节进行实验分析。从表 2.3 可以看出塞擦音/ʦʰ/对应藏语ཚ(刺痛)，发/ʦʰa/音。塞擦音/tʂ/对应藏语ད(网)，发/tʂa/音。塞擦音/ʨ/对应藏语ཇ(茶)，发/ʨa/音。

表 2.3 藏语夏河话塞擦音实验词

序号	1	2	3
塞擦音	ʦh	tʂ	ʨ
藏文	ཚ	ད	ཇ
汉语释义	刺痛	网	茶
国际音标	ʦha	tʂa	ʨa

(3)鼻音实验：藏语夏河话中鼻音共有 4 个：/m/、/n/、/ȵ/和/ŋ/。本实验选取的均是双音位词汇，而且 3 个音产生于不同部位。双唇音/m/后接元音/a/相拼为/ma/，所对应的藏文是“མ”(妈)；舌面前音/ȵ/与后接元音/a/相拼为/ȵa/，所对应的藏文是“ཉ”(鱼)；舌面后音/ŋ/与后接元音/a/相拼为/ŋa/，所对应的藏文是“ང”(我)，如表 2.4 所示。

表 2.4　藏语夏河话鼻音实验词

序号	1	2	3
鼻音	m	ȵ	ŋ
藏文	མ	ཉ	ང
汉语释义	妈	鱼	我
音标	ma	ȵa	ŋa

(4)擦音实验：藏语夏河话的塞擦音共 9 个，选取代表性/s/、/ɕ/和/xh/后接元音/a/，形成 CV 结构的双音位音节进行实验分析。舌尖前音/s/后接元音/a/相拼为/sa/，所对应的藏文是“ཞ”(帽子)；舌面前音/ɕ/与后接元音/a/相拼为/ɕa/，所对应的藏文是“ཟ”(锁子)；舌面后音/xh/与后接元音/a/相拼为/xha/，所对应的藏文是“ཤ”(肉)，如表 2.5 所示。

表 2.5　藏语夏河话擦音实验词

序号	1	2	3
擦音	s	ɕ	xh
藏文	ཞ	ཟ	ཤ
汉语释义	帽子	锁子	肉
音标	sa	ɕa	xha

(5)颤音实验：藏语夏河话的颤音只有 1 个，/r/后接元音/a/，形成 CV 结构的双音位音节进行实验分析。舌尖前音/r/与后接元音/a/相拼为/ra/，所对应的藏文是“སྲར”(篱笆)，如表 2.6 所示。

(6)边音实验：藏语夏河话的边音只有 1 个，/ɬ/后接元音/a/，形成 CV 结构的双音位音节进行实验分析。舌尖中音/ɬ/与后接元音/a/相拼为/ɬa/，所对应的藏文是“ལྷ”(蜡烛)，如表 2.7 所示。

表 2.6　藏语夏河话颤音实验词

序号	1
颤音	r
藏文	སྲར
汉语释义	篱笆
音标	ra

表 2.7　藏语夏河话边音实验词

序号	1
边音	ɬ
藏文	ལྷ
汉语释义	蜡烛
音标	ɬa

(7)半元音实验：藏语夏河话的半元音共 2 个，分别为/w/和/j/。在半元音的实验中对双唇音/w/进行实验分析，/w/后接元音/a/，形成 CV 结构的双音位音节进行实验分析。双唇音/w/与后接元音/a/相拼为/wa/，所对应的藏文是“བལ”(羊毛)，如表 2.8 所示。

表 2.8　藏语夏河话半元音实验词

序号	1
半元音	w
藏文	བལ
汉语释义	羊毛
音标	wa

2.5　藏语夏河话视位定义

2.5.1　特征点的定义

MPEG-4 只定义了静态视位，并没有对动态视位进行定义，静态视位是指发音时某一时刻静止的可视器官状态，描述的是对应的某一音位的特征最突出的器官状态，国内外学者主要以静态视位研究为主。但是研究者发现人们在发某一音时，嘴唇是一个连续变化的动态过程，所以单一的一幅静态图像无法完全描绘出发音特征。而动态视位是指记录人发音动作的一个过程，能准确反映语言的发音规律和视觉习惯，同时记录视位动作连续自然的变化过程，使得记录的视位特征数据更精确，可视化更清晰。所以用动态的方法可以更好地描述发音动作，记录发音变化过程中的视位特征的实时位置，这样得到的数据有助于语音学的研究，为语言产生和语言感知研究提供更多可视化的信息。

为了记录人在发音过程中视位变化的动态过程，MPEG-4 定义了两类不同的人脸参数。第一种是"人脸定义参数"(Facial Defination Parameter，FDP)。第二种是"人脸动画参数"(Facial Animation Paramater，FAP)。FDP 共定义了 84 个特征点，用于表示人脸模型。FAP 总共有 68 个特征点。每一个 FAP 可以表示某几个特定的 FDP 特征点的运动。其中前两个是高级 FAP，分别是视位 FAP 和表情 FAP。除了高级 FAP，其他 66 个 FAP 都只能表示人脸局部的运动。总体来说，MPEG-4 定义的参数指标符合本研究方法的标准，FDP 主要面向于定义形状以及生理特性，FAP 主要用来描述人脸的各种运动规律等。

人脸定义参数是通过定义人脸具有代表性或者是具有关键性信息的特征点，通过获取这些特征点来描述人脸模型，然后通过动画的方式展现出来，人脸定义参数，共有 11 类。这 11 类当中又分别定义了 84 种特征，这些特征中包含了众多可以体现人脸特征的信息点，例如，人脸各个部分的形状、位置，各种生理、几何、纹理特征等，人脸的各个部分又包括了眼睛、眉毛、鼻子、嘴巴等。图 2.7 展示了 84 个特征点的整体分布情况以及每个特征点的具体位置信息，可以说，覆盖了整个人脸的区域。这些特征点的信息成为模型中的重要数据内容，为合成人脸提供数据支持。每一个参数又包含了 5 个属性，Feature Point Coord(特征点坐标)、Texture Coord(纹理坐标)、Use Ortho Texture(纹理类型)、Face DefTables(人脸动画定义表)以及 Face Scene Graph(人脸场景图像)。

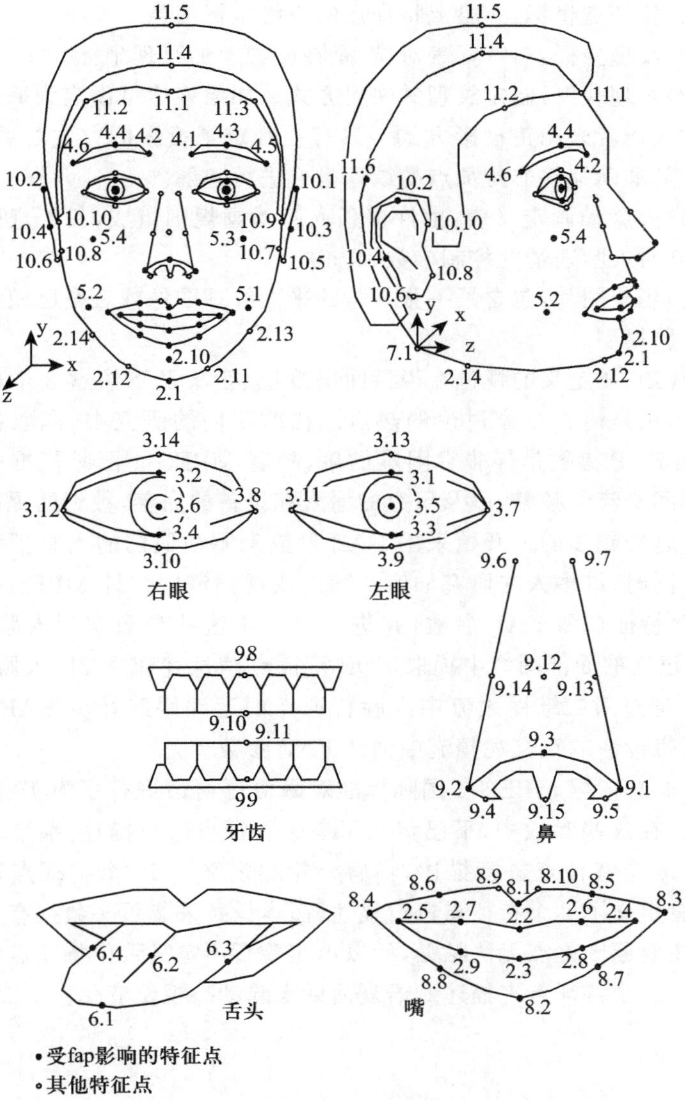

图 2.7 MPEG-4 定义的 FDP 特征点（Standard，2001）

(1)特征点坐标:人脸上特征点的三维坐标信息。

(2)纹理坐标:与特征表对应,是在图像上的纹理坐标。

(3)纹理映射:制定纹理的映射方式。如果该值可设定为采用圆柱投影方式或者采用正投影方式。只有在确定了投影的方式之后,才能通过计算准确地将非特征点的纹理坐标进行映射。

(4)人脸动画定义表:由许多条人脸动画规则组成,每条规则描述了 FAP 对人脸表情的控制参数和方法。

(5)场景图片:包含了一张人脸的平面纹理图像或者是已植染过的三维人脸模型。

MPEG-4 定义的视位在说话时与嘴巴、舌头及下颌这 3 个器官密切相关,也是语言学家讨论的热点。在前辈们的研究中,提取视位的 FDP 和 FAP 参数是件非常困难的事,随着 MPEG-4 国际标准的制定和国际间交流的频繁,以及研究的深入和设备的完善,数据的提取更加精确。越来越多的人开始采用 FAP 参数来驱动他们的人脸模型产生动画。同时,许多人在研究如何从图像或视频流中估计 MPEG-4 定义的 FDP 特征点和 FAP 参数,并进一步利用这些参数实现人脸动画。Lee 从正交的面部图像中提取 FDP 特征点信息并建立 3D 人脸模型;Escher 通过对二维视频流中人脸特征点的运动跟踪计算 FAP 参数;左力从带标注的正交视频流中估计 FAP 参数。

表 2.9 依据 MPEG-4 国际标准对藏语夏河话进行了 FDP 特征点的定义,在这些参数中,下巴定义了 3 个特征点进行描述,嘴唇内轮廓定义了 6 个特征点进行描述,嘴唇外轮廓定义了 10 个特征点进行描述,颧骨定义了 2 个特征点进行描述,而本设备采集舌头数据有一定的难度,主要原因是点无法粘贴,所以本实验暂不定义舌位特征点。最终定义了 21 个特征点来描述藏语夏河话人脸动态视位变化。

表 2.9　藏语夏河话口型的 21 个人脸定义参数(FDP)

相关部位	特征点	描述	相关部位	特征点	描述
下巴	2.1	下巴中间位置点	外唇	8.1	外唇上部中间位置点
	2.11	下巴右边位置点		8.2	外唇下部中间位置点
	2.12	下巴左边位置点		8.3	外唇右边嘴角点
内唇	2.2	内唇上部中间位置点		8.4	外唇左边嘴角点
	2.3	内唇下部中间位置点		8.5	外唇上部右边靠嘴角的点
	2.6	内唇上部右边点		8.6	外唇上部左边靠嘴角的点
	2.7	内唇上部左边点		8.7	外唇下部右边靠嘴角的点
	2.8	内唇下部右边点		8.8	外唇下部左边靠嘴角的点
	2.9	内唇下部左边点		8.9	外唇上部左边靠中心点的位置
颧骨	5.3	颧骨右侧位置点		8.10	外唇上部右边靠中心点的位置
	5.4	颧骨左侧位置点			

2.5.2　视位指标的定义

外唇宽度：指外嘴角之间的距离。在发音过程中，外唇宽度变化比较频繁，在圆展唇元音的区分中，外唇宽度是重要的指标之一，在发圆唇元音/u/和/o/时外唇宽度会缩至最小，在发/i/时外唇宽度值会变大。这是本实验分析和讨论的重要指标。

内唇宽度：指内嘴角之间的距离。在发音过程中，内唇宽度变化和外唇宽度较相似。

外唇高度：指上下唇的厚度加上嘴开口度的距离。在发元音/a/时开口度最大，而在发塞音/p/时紧闭双唇，此时外唇高度会小于自然状态值。而且外唇高度越大，外唇宽度就越小。外唇高度是本文重点讨论的指标。

内唇高度：内唇高度指双唇之间的距离。内唇高度很大程度和外唇的值变化一致。

上唇突度：指上唇向外突起的距离。上唇突度对区分元音的圆展唇有重要意义。在发圆唇元音/u/和/o/时上唇会明显突起，是本实验研究和讨论的重要指标。本文对唇突度的表述一律用“唇突度”，也有学者用“唇凸度”来表示。

下唇突度：指下嘴唇向外凸起的距离。下唇突度在数据提取时难度较大，不仅要考虑唇突值还要考虑下颌的旋转和位移值。同样上唇突度对区分元音的圆展唇有重要意义。而且之前的学者对唇突度的定义各有所见，鲍怀翘、林茂灿(2014)认为唇突度为门齿到双唇外沿的距离；王安红(2000)在嘴角向后的位置定义了一个点来获取唇突度，这种方法在本实验中可以考虑用来采集上唇突度和嘴角拉伸度的值。何向真(2016)在模型的后脑勺上找到了一个固定点作为计算唇突的距离。本文认为下唇突度在下颌运动过程中有位移现象。结合上述学者们的方法，从各学者对颌变化和下唇突度参数提取来看，何向真的这种方法是目前比较合理的，所以本文提取下唇突度的方法将在此基础上进行。

嘴角拉伸度：指在说话过程中嘴角前后位移的距离。有学者定义为“嘴角凸度”或“唇角深度”，在本文中为“嘴角拉伸度”。受唇突度和开口度等指标的影响，嘴角拉伸度的运动较多，在区分元音的圆展唇度上有重要的意义。

有声段：指整个发音过程中有声音的部分，是单纯的声学研究中的重点。

无声段：在可视语音的研究中，无声段在某种意义上比有声段还重要，因为在发音准备阶段，发音器官已经开始运动，但是此时没有声音发出。同时有声段和无声段的时长比较是本文研究的重要指标。

2.6 动态视位分析方法

本文动态视位研究方案分为以下几个步骤:①收集整理发音文本;②采集动态视位数据及音视频数据;③数据处理;④对元音、辅音和协同发音进行分析和讨论;⑤形成分析报告。

2.6.1 唇形参数设定

1. 上唇突度、嘴角拉伸度、内外唇高度和外唇宽度参数提取

在采集实验数据前,要采集唇形各目标位置的标准值,分别为自然状态、半开、全开,各状态口型如图2.8所示,采集各状态的数据主要为后期数据标准化处理做准备。

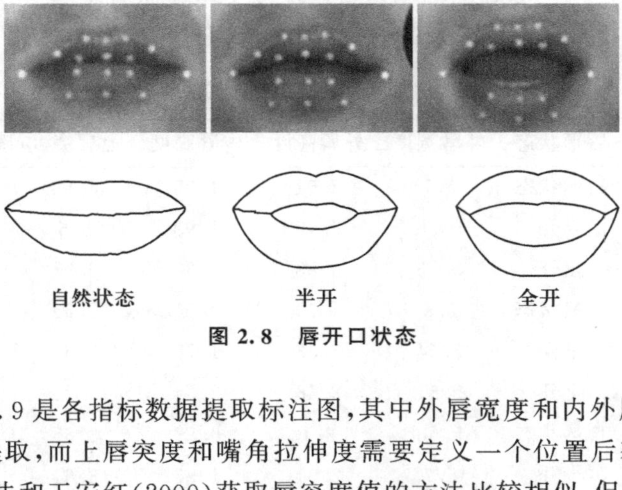

图2.8 唇开口状态

图2.9是各指标数据提取标注图,其中外唇宽度和内外唇高度可以直接提取,而上唇突度和嘴角拉伸度需要定义一个位置后获取相对值,此方法和王安红(2000)获取唇突度值的方法比较相似,但使用这种方法必须确保嘴角拉伸度特征点和上唇突度特征点在同一个刚体上。

表2.10是3位发音人在不同状态下的唇形参数,由于不同发音人的生理特征不一样,所以各发音人参数有一定的差别。在提取外唇宽

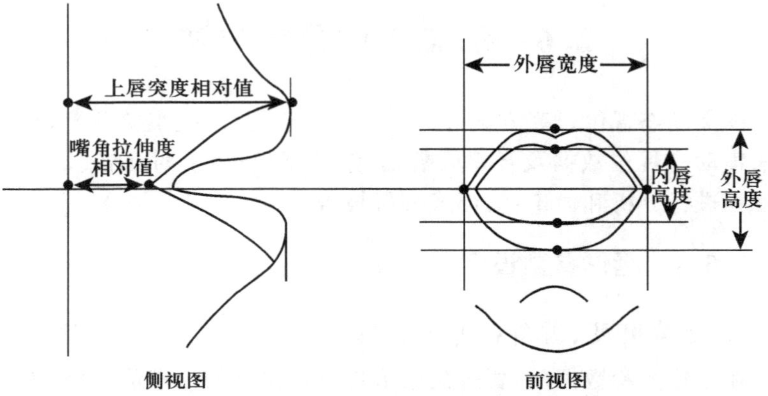

图 2.9　参数标定(何向真,2016)

度、内外唇高度时,直接从数据中计算两个坐标点的位置即可获取,所以这 3 个指标是发音人唇形实际变化值。

表 2.10　各状态下 3 位发音人的目标视位值　　cm

发音人	唇形状态	外唇宽度	外唇高度	内唇高度	上唇突度	嘴角拉伸度
1#	自然状态	5.7	2.51	1.05	3.68	2.22
	半开	5.56	3.45	1.99	3.6	1.65
	全开	5.55	3.83	2.37	3.98	2.52
2#	自然状态	5.9	1.89	0.9	3.68	2.25
	半开	5.54	3.38	1.76	3.59	1.98
	全开	5.51	3.48	2.34	4.26	2.62
3#	自然状态	5.68	2.1	0.87	3.65	2.18
	半开	5.7	2.91	1.87	3.61	1.73
	全开	5.51	3.79	2.33	3.93	2.49

2. 下唇突度参数提取

下唇突度在运动过程中受下颌骨、肌肉、皮肤等组织的影响变化比较丰富。因此讨论唇突度首先要掌握下颌的运动规律和生理结构。在发音时下颌除了以轴心点旋转外,还会出现前后位移,变化较为复杂。而形成唇突的原因是嘴部肌肉和其他组织挤压,此时的唇宽度变窄,下颌向前位移,而且不同发音人的生理特征不同,这种变化也不一样。因此在获取下唇突度时必须要考虑下颌骨的位移和独立的发音人。从生理结构上看上颌与颅骨连成一体,它与颅骨的相对位置保持固定不变,所以获取数据相对容易。本实验所用头盔和整个头部固定为一体,消除了头部的运动,可以认为上颌骨处于静止状态。如图 2.10 所示。

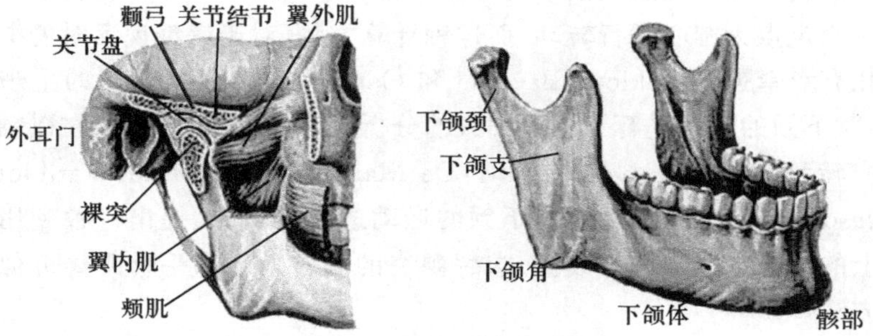

图 2.10　下颌骨

从人的生理特征分析,形成唇突度是由口轮匝肌收缩造成的。人们在说话过程中唇突时,说明唇宽度和唇高度变小,因为口轮匝肌向外突出影响了这两个指标。在前文中提到,上唇和头部形成了一个刚体,所以上唇突度比较好提取。而下唇依附于下颌骨,发音人在进行发音的过程中,上颌骨与下颌骨的运动存在独立性。当下颌骨运动时,其与口轮匝肌会直接影响下颌骨的变化,那么下颌骨和下唇自然关联在一起。虽然本文能采集空间中的点,但下颌骨在运动过程中,被皮肤所包裹,无法直接获取运动数据。所以本文在计算下颌骨和下唇的关系时,并没有更好的办法来解决相互的影响。

Abry 和 Boe(1986)对法语的研究通过使用上唇突起、下唇突起和唇角深度的三维参数来描述唇突起。他们在不说话时将嘴唇定义为闭合和嘴唇松弛。当嘴唇松弛时，以上嘴唇的外边缘、下嘴唇的下边缘和嘴唇的角的位置为参考点，在发音状态下，计算上嘴唇的外边缘、下嘴唇的外边缘以及与嘴唇的松弛状态相对应的基准角之间的水平方向的差；王安红(2000)利用面部侧面固定参考点，把上唇外缘、下唇外缘的水平距离和唇角定义为上唇突度、下唇突度和唇角突度；王志明(2003)消除头部的刚体运动后，将图像中的固定点设置为参考点，并分别计算该参考点到唇外缘的水平距离，而且对水平距离分别定义为上唇的突度和下唇的突度。

国内外对下颌运动模型的研究中，Mermelstein(1973)假设下颌以某一固定点为圆心进行转动，而这种计算方法，对于解释说话时的下颌变化有点牵强；Vatikiotis-Bateson 和 Ostry(1995)根据骨骼的生理解剖，对下颌的运动进行了更为细致的分析，认为发音时下颌存在以轴位中心转动和前后平移两种运动；De Martino 等(2006)在 Vatikiotis-Bateson 研究的基础之上，对下颌的运动进行了简化，提出一种利用下颌上的标志点实时采样数据、求解髁突的旋转角度和平移距离近似值的方法。

在图 2.11 中，De Martino 等在发音过程中设置下颌骨采样点 P4，主要解决发音过程中髁突的位置变化问题，并使用平移量来解决下唇突出的变化情况。C(to)和 C(t)标记代表髁突的位置，而以 P 字符开头的标记代表下颌骨标记的位置。

何向真(2016)在采集藏语拉萨话视位时，在 De Martino 的基础上进行了改进，数据的准确性有较大的提升，这也是目前采集下唇突度较为理想的一种方法。

综合各学者们的研究方法，何向真对于求解下唇突度的方法相对比较完善，所以本实验下唇突度值可以直接用此方法来提取，但是此方法只能获取到相对值，正如何向真用同样的方法提取了上唇突度的相对值。表 2.11 为 3 位发音人在不同状态下的下唇突度参数，由于不同发音人的生理特征不一样，所以各发音人的参数有一定的差别。

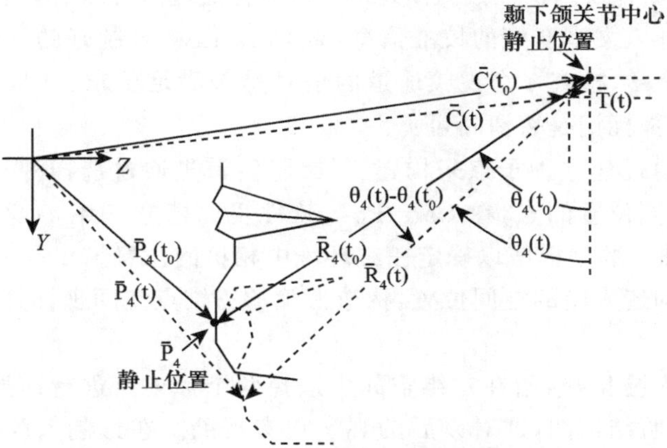

图 2.11　De Martino 等定义的髁突运动模型

表 2.11　3 位发音人的唇形相对目标视位值　cm

发音人	1#			2#			3#		
唇形状态	自然状态	最小值	最大值	自然状态	最小值	最大值	自然状态	最小值	最大值
下唇突度	3.7	3.07	3.81	3.84	3.5	4.11	3.67	3.12	3.78

2.6.2　数据处理

1. 三维动态视位数据预处理

Cara 软件共由两部分组成，Cara Live 和 Cara Post。Cara Live 主要负责数据采集工作，此部分已在前文中介绍。Cara Post 主要负责数据处理工作。这里指的数据处理，是对采集视位数据点的处理。在唇形运动过程中，某些位置的点会在运动过程中被遮挡，比如嘴唇内侧的点很容易在紧闭双唇的时候被遮挡，而且按要求至少有两个摄像头可见，如发生某一个点完全丢失的，要通过 Cara Post 去修复，如丢失严重或无法修复需要重新补录。视位数据预处理工作流程处理需要以下 7 个过程。

(1)导入文本匹配的校准信息:将 Cara Live 录制好的视频文件导入 Cara Post,检查 4 个视频通道的信号是否满足要求,并根据屏幕显示检查面部标记是否清晰可见。

(2)通过建立种子点来构建三维环境:首先通过选择种子点,并关联面部不同位置的点,在 Cara Post 软件里面建立三维环境。然后调整 x、y 和 z 的坐标值以确定三维环境中相机的位置。

(3)构造人脸的空间位置:构造人脸的三维点空间坐标并进行校正和校准。

(4)人脸拓扑:指在三维空间中选择两个标记点进行连接,绘制出基本的人脸结构图,这对以后的观察很有帮助。在绘制人脸结构时连接相邻的标记点,可以是两个点也可以是多个点,但不一定要将全部点连接在一起。

(5)标记点命名:对粘贴在脸上的标记点进行重命名,以便在后期的工作和数据分析中准确地知道这些点的坐标。

(6)标记点跟踪与数据修复:数据处理完成后,通过执行相关命令对 4 个通道的损坏数据进行修复,以确保数据达到要求的值。数据出现破损的主要原因是,前一时期的标记点清晰度不高或由于摄像机位置或焦距不准所导致。

(7)数据输出:数据恢复完成后,各点之间的相关性相对固定,以确保数据的稳定性。如图 2.12 所示,蓝色条(深灰色)表示每个通道都有数据,绿色条(灰色)表示只有三个通道有数据,黄色条(浅灰色)表示只有两个通道有数据。如果出现红色,说明只有一个通道有数据或没数据。如果出现阶段性数据丢失,修复即可。如信息全部丢失,需要重新采集。

2. 音视频信号处理

录制好的视频数据通过 Adobe primere 以词为单位进行切割后输出视频文件,保存为分辨率较高 *.mp4 格式的文件,而且还要单独输出一份音频文件,这样可以保持音视频长度一致,音频文件保存为

图 2.12　数据修复过程

*. wav 格式的文件。

3. 动态视位特征数据提取方法

视位数据采集工作流程结束后，会得到一个 *. bvh 文件，它是面部特征点的三维坐标数据。但是在 *. bvh 文件中无法直接提取每一个点的三维坐标，要通过一系列烦琐的转换过程才能得到最终所要的数据。①通过 Cara Post 预处理的文件导出 *. bvh 格式的文件。②用 Motion Builder 执行 *. bvh 文件后，再输出 *. fbx 格式的文件。③用 Python 执行提取数据编写的程序后得到一个 *. json 文件。④最后通过数据筛选，提取到可用数据后保存到 Excel 工作表中，在 Excel 表中第一列定义为帧数，之后依次为外唇宽度、外唇高度、上唇突度、下唇突度及嘴角拉伸度的值。为了减轻数据处理的压力，只保留到小数点后两位，如图 2.13 所示。

2.6.3　动态视位分析方法

实验方法主要由 5 部分构成。

(1)依据元音和辅音的发音特征，结合舌位和唇形关系，对样本音

帧	外唇宽度	外唇高度	上唇突度	下唇突度	嘴角拉伸度
1	5.9	1.89	3.68	3.84	2.25
2	5.9	1.89	3.68	3.84	2.25
3	5.9	1.89	3.68	3.84	2.25
4	5.9	1.89	3.68	3.84	2.25
5	5.9	1.92	3.68	3.84	2.25
6	5.86	1.97	3.7	3.8	2.3
7	5.85	1.95	3.71	3.81	2.29
8	5.84	1.92	3.7	3.81	2.29
9	5.86	1.89	3.72	3.83	2.28
10	5.87	1.9	3.72	3.81	2.29
11	5.87	1.9	3.73	3.81	2.3
12	5.84	1.97	3.71	3.78	2.29
13	5.82	2.1	3.67	3.7	2.27
14	5.8	2.29	3.61	3.6	2.24
15	5.73	2.79	3.64	3.63	2.2
16	5.7	2.91	3.63	3.62	2.19
17	5.73	2.7	3.64	3.68	2.16
18	5.74	2.64	3.63	3.69	2.17
19	5.66	2.89	3.64	3.63	2.08
20	5.6	3.27	3.62	3.57	2.01
21	5.61	3.44	3.59	3.56	1.98
22	5.61	3.48	3.61	3.6	1.99
23	5.58	3.42	3.61	3.62	2.01
24	5.58	3.4	3.62	3.62	2.01
25	6.6	3.32	3.63	3.63	2.02
26	5.61	3.18	3.63	3.64	2.03
27	5.65	2.98	3.64	3.66	2.06
28	5.67	2.76	3.64	3.68	2.09
29	5.74	2.46	3.65	3.7	2.16
30	5.79	2.28	3.66	3.71	2.2
31	5.82	2.26	3.65	3.71	2.22
32	5.9	2.23	3.68	3.75	2.2
33	5.92	2.2	3.68	3.75	2.22
34	5.98	1.95	3.68	3.76	2.22
35	5.9	1.89	3.68	3.79	2.25
36	5.9	1.89	3.68	3.83	2.25
37	5.9	1.89	3.68	3.84	2.25
38	5.9	1.89	3.68	3.84	2.25

图 2.13　动态视位数据(25 帧/s)

的静态视位进行简单描述。如在目标位置舌位的前后高低、嘴唇的开口情况以及发音时气流的变化等。

(2)结合声学参数声波图、语谱图和共振峰指标以及对照静态视位的目标位置特征进行分析和讨论。

(3)此部分是动态视位分析部分,是本实验分析和讨论的重点,对唇形的外唇宽度、外唇高度和嘴角拉伸度进行分析和讨论。将完整发音过程分为 7 个段,其中 1 段、2 段、3 段、5 段、6 段和 7 段为无声段,4 段为有声段。1 段和 7 段是准备段,各部位均保持自然状态,变化值为零。2 段和 3 段为发音前的动作准备过程。4 段为有声段,主要体现有声时的动作变化。5 段和 6 段是发音结束后，各部位恢复到自然状态的过程。

(4)此部分是针对元音上下唇突度、唇开口度和嘴角拉伸度进行分析和讨论。

(5)利用口型分解法对动态唇形视位口型进行相似性分析。在相似性分析中，要把每一个音的 5 个视位指标(外唇宽度、外唇高度、上唇突度、下唇突度和嘴角拉伸度)按 3 种口型分段处理后进行分析。

2.7　本章小结

本章主要从实验设备、数据采集、实验词表整理、数据提取和实验方法 5 个方面进行了介绍和阐述。

(1)实验设备均来自民族语言智能处理重点实验室，实验室有专业的录音室和运动捕捉场地，并配有国际领先的专业级实验设备，而且有较清晰的采集数据和处理数据流程。在本文撰写前国内尚未发现利用人脸面部动作捕捉仪器开展语言学研究，所以研究是创新也是挑战。

(2)在数据采集过程中，需要考虑音视频数据和动态视位数据的同步性，所以要在特定设备和特定环境中进行，团队协作的默契配合才能保证数据采集的顺利完成。

(3)在本文撰写前查阅了大量资料，参考了众多相关文献，了解了藏语夏河话的语音系后，最终确定本实验的发音词表。

(4)在数据提取过程中，由于设备原因只能提取到唇高度和唇宽度的绝对值，而上下唇突度和嘴角拉伸度无法获取绝对值，这 3 个指标只能通过其他手段获取。在此过程中，发现上唇突度和嘴角拉伸度相对于下唇突度的数据提取更容易些，因为下唇与下颌有一定的关联性，所以下唇突度值不易提取，通过分析国内外众多学者们的研究方法，发现何向真运用的提取方法比较合理，所以本文直接用此方法获取了发音人的下唇突度值。

(5)在实验方法中，由于实验目的不同所以方法也不一样。静态视位主要以目标位置特征的描述为主。声学分析中利用共振峰指标结合静态视位进行了比较分析。动态视位分析中按发音时唇形状态进行分段式分析。在口型分类的实验中,利用口型分解法对动态唇形视位口型的相似性进行分析。

第3章　藏语夏河话元音动态视位研究

元音的音质是由舌位的前后高低以及唇形的圆展决定的。本章将对藏语夏河话常用元音的唇形动态视位进行分析，重点对圆展唇的区分以及各元音唇形动态变化过程进行分析和讨论。

圆唇元音的概念在学者们的定义中各不相同，而且在语言学研究中又是一个基础问题。鲍怀翘和林茂灿(2016)认为单凭唇开度和唇面本身不能有效地判别圆唇元音和非圆唇元音，如/i/、/l/与/o/的面积相同，但前者是展唇，后者是圆唇。所以只有在其他特征相同或相近的条件下，才能依据这两个唇形参量来确定元音的圆展。本文将通过动态视位分析，进一步阐述圆唇元音的唇形特征，并且在数据上对圆唇元音的定义给予支持。

3.1　元音的唇形视位特征

早期学者们研究元音的发音规律时，主要集中在舌头的变化上，Alexander Melville Bell 在 1867 年对元音的划分提出了一整套标准，按照舌头的高、中、低、前、混、后等维度进行了分类。音系学研究中，有学者(Chomsky and Halle，1968；Ladefoged，1975)将其作为一种区别特征，用于区分语音类别。语音学研究中，人们认为元音的音质是由舌位的前后、高低和唇形的圆展度决定，因为这三者都是通过对共鸣腔形状的影响来改变元音的共振峰结构。另外，语音学家们(Hardcastle and Hewlett，1999)在研究唇形的协同发音时，认为圆唇元音和非圆唇元音之间的过渡是唇形的变化规则。瑞典元音声学的数据（Fant，1973）表明通过 F2（第二共振峰）和 F3（第三共振峰）来区分圆唇元音和非圆唇元音区。前高元音的 F2 和 F3/iː/（非圆唇）最高，/yː/（外突圆唇）次之，/uː/（聚拢圆唇）最低。Linker 关于法语、芬兰语、广东话和瑞典语的声学数据在前高元音的性质上和 Fant 的结论一致。中高元音也可以用 F2 和 F3 来区分，只是 F2 变得更加重要。来自法语中圆唇元音和非圆唇元音的最小对立对的声学数据（Mantakas et al.，1988）符合 Linker 关于高元音在声学上主要靠 F3 来区分的意见，而中高元音在声学上主要靠 F2 来区分的发现，确认了在圆唇时不同共振峰之间相对位置主要依赖于舌头的位置（Fant，1973）。

乔姆斯基和哈利（Chomsky and Halle，1968）在《英语音型》一书中，专列了一项关于唇的区别性特征：圆唇和非圆唇，并指出圆唇由唇孔变窄所形成，非圆唇则不是。赖福吉（Ladefoged，1975）的区别性特征系统中也包括了圆唇化这一特征，但他用两嘴角水平宽度的倒数来定义圆唇程度。乔姆斯基和赖福吉定义圆唇特征的区别在于，前者使用唇形内轮廓的宽度，而后者使用唇形外轮廓宽度。艾伯瑞等（Abry and Boe，1986）在研究中指出，所有语言中区分圆唇元音和非圆唇元音的参数是嘴唇宽度，即开口时的水平宽度，它和所有关于嘴唇突度的参数成反比。综上所述，前人更多从个人观察的主观经验出发对圆唇给出定义，观察的角度不同，则使用的参数也不同，唇圆度、唇突度、圆宽度和唇开口度都有人使用，因此各家的观点并不一致。《实验语音学概要》（吴宗济，林茂灿，1989）的第 5 章中，鲍怀翘提取了 5 位被试人的唇形参数，其实验结果表明展唇元音的开口度大于圆唇元音的开口度，舌高度相同的元音，展唇元音的唇形面积大于圆唇元音。另外，作者认为唇凸度特征对于区分元音圆展作用不大。由于当时的实验条件，无法提取到发音时嘴唇的动态变化，所采集的唇形参数的精度也受实验器材和算法的限制。在科技水平有了很大进步的今天可以利用数字化技术提取到精度更高的唇形参数，从而可以对唇形参数的提取和分析做进一步细化处理。

3.2　藏语夏河话元音视位特征

表 3.1 是元音的数据采集信息统计情况。从目标唇形来看，元音/i/、/e/、/a/和/ə/为展唇元音，元音/o/和/u/为圆唇元音。从舌位关系来看，元音/i/舌面较高；元音/e/舌位半低；元音/a/舌尖较低；元音/ə/舌中微高；元音/o/舌根后缩；元音/u/舌根后缩。从各音的时长来看，长短不一，主要是因为考虑到发音时受前接辅音和元音自身的长度影响，时间没有统一的标准。帧数以 25 帧/s 的标准换算，在本文的实验中，所有动态视位的长度均以帧为单位。

表 3.1　元音数据采集信息统计

序号	1	2	3	4	5	6
元音	i	e	a	ə	o	u
藏文	གཉིས	རས	ཨ	ཨུ	ཨོ	དངུལ
汉语释义	二	布	啊！	—	哦！	银子
国际音标	hȵi	re	ʔa	_ə	_o	hŋu
目标唇形	展唇	展唇	展唇	展唇	圆唇	圆唇
目标舌位	舌面较高	舌位半低	舌尖较低	舌中微高	舌根后缩	舌根后缩
语音时长(s)	2.55	2.15	2.2	1.8	2.2	2.08
帧数	64	53	55	45	55	52

3.2.1　元音/i/动态视位特征

1. 发音方法

/i/音是一个前半闭的高展唇元音。在发/i/音时：舌尖抵住下齿，舌面前部抬高，舌两侧抵上齿两侧，舌面距上腭较近，但上腭和舌面不接触，气流紧贴上腭呼出；下颌呈半闭状态，双唇微开，唇宽度变大，唇突度变小，嘴角向后移动，口型整体呈扁平状；鼻腔通道处于关闭状态，喉头上升;整个发音过程器官均匀收紧,短促而轻快。图 3.1 是元音/i/的目标视位,左图和中图分别记录了目标位置嘴唇的正面和侧面状态,右图记录了舌头的位置。

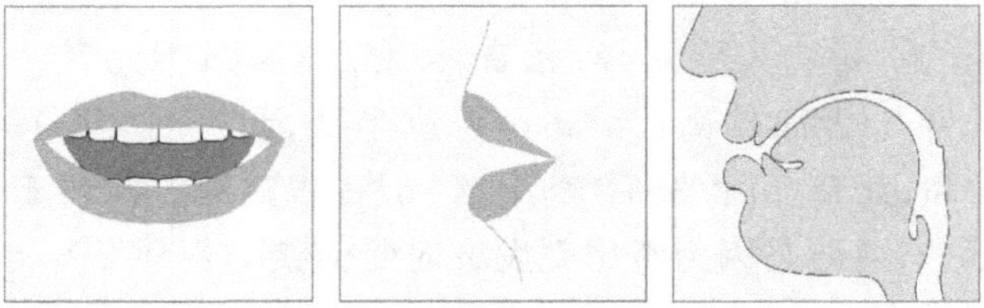

左图　　中图　　右图

图 3.1　元音/i/的目标视位

2. 声学分析

图 3.2 是藏文"གཉིས"的声波图、语谱图以及目标视位图。音频长度 2 550 ms,对应的视位帧数为 64。声波图显示的频率为 1 520～3 024 Hz。语谱图中 F1 的位置在 290 Hz 附近,位置相对偏低,说明舌位较高。F2 在 3 000 Hz 附近,F3 在 3 750 Hz 附近,这两个指标的频率较高,说明是非圆唇元音。而这两个指标的差值为 750 Hz,距离相对较近,说明舌位比较靠前。在/i/音的实验中,选取了 8 张发音人的目标视位图,分别是第 8、26、29、31、33、38、46 和 56 帧。从目标视位图看,8 帧前嘴唇处于准备阶段无变化。8～26 帧是擦音/h/的成阻段,26～29 帧是/h/的持阻段,29～32 帧是擦音/h/、鼻音/ȵ/和元音/i/的协同发音过程。在元音的实验中,辅音的成阻、持阻和除阻不进行深入分析和讨论,在本文第 4 章辅音实验中重点讨论。从视位图 33 帧的开口度看,可以推测此时已经达到元音/i/的目标位置。38 帧是有声段结束时的唇形,相比元音目标位置的唇形变化不大。38～46 帧是发音结束后恢复到自然状态的过程,整体看变化比较平稳,而且用时较长。

3. 动态视位分析

图 3.3 是藏文"གཉིས"的声波图及外唇宽度、外唇高度和嘴角拉伸度

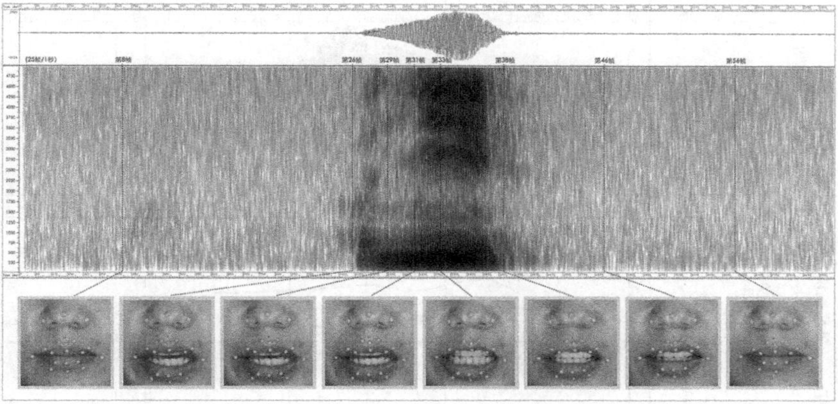

图 3.2　藏文"གཉིས"的声波图、语谱图和目标视位图

曲线图。声波图横向是音长，为 2.55 s，所对应的动态视位长度为 64 帧，视位值的变化单位为厘米(cm)。在动态视位分析中，把整个发音过程分解为 7 部分：其中 1 段和 7 段为准备段，各部位无变化；2、3、4、5、6 段为发音动作段，其中 4 段为有声段，其余为无声段。

(1)1 段和 7 段为准备段，口型无变化。本实验所用 1＃发音人的动态视位和音视频数据，自然状态各部位值分别为：外唇宽度 5.7 cm；外唇高度 2.51 cm；嘴角拉伸度 2.22 cm；上唇突度 3.68 cm；下唇突度 3.7 cm；唇开口度 1.05 cm；自然状态下所有值的变化度均为零。

(2)2 段为无声段，外唇高度首先开始变化。其余部位还处在自然状态，数据无变化。

(3)3 段为无声段，所有部位均参与发音动作，此段是前接擦音/h/的成阻段。整体来看此段变化较大，外唇宽度在 20 帧附近收缩至 5.65 cm，成阻后期迅速变宽。外唇高度在 20 帧附近达到峰值，为 3.6 cm，此时的唇开口度最大。在 10 帧后嘴角向后移动，在 22 帧附近到达最小值，为 3.78 cm。总体看此段主要变化集中在成阻后期的位置。

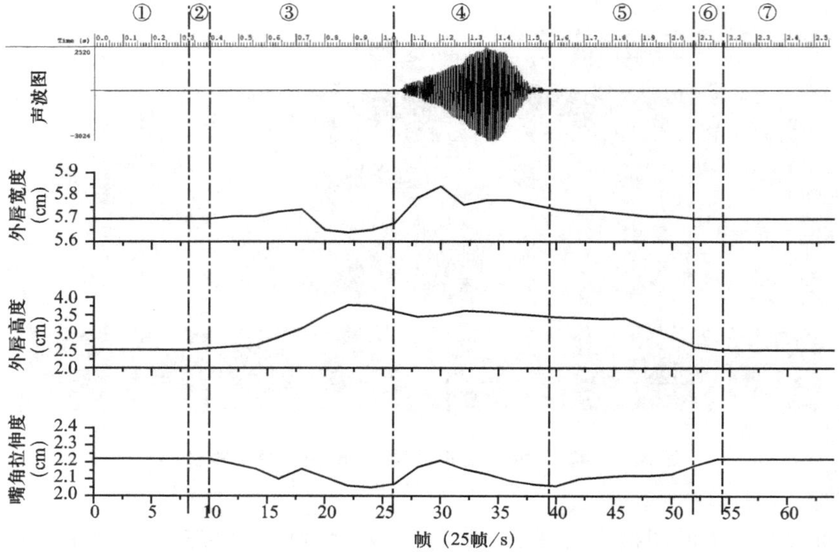

图 3.3　藏文“གཉིས”的声波图及唇形参数曲线

(4)4 段为有声阶段，所有部位均参与发音动作，其唇形变化跟语音性质相联系，此段主要变化集中在辅音和元音的协同发音过程中，变化相对复杂。首先外唇宽度由最低值的 5.64 cm 迅速拉升到 5.84 cm，外唇高度也随着唇宽度的变化而减小。嘴角拉伸度在 30 帧附近到达自然状态值，此时值为 2.21 cm，之后随着发音结束再次收紧至 2.05 cm。总体来看有声段的主要变化在协同发音过程中。

(5)5 段和 6 段为无声阶段，所有部位均参与发音动作，此段是发音结束后各部位恢复自然状态的过程。参与发音的各个部位均复位，外唇宽度在 64 帧附近首先恢复到自然状态，整体看变化较小。而外唇高度和嘴角拉伸度在此段收缩比较快。

在整个发音动作段，有声段占了整个发音动作的 1/3。2 段和 3 段是辅音成阻阶段，相对用时较长，不过不同的辅音在发音时用时也不同，所以此段的时长在本实验中不作为重点讨论对象。整体变化主要集中在成阻后期和协同发音的过程中。5 段和 6 段是发音结束后各部位恢复到自然状态的时长，共用时 0.6 s 左右。从元音/i/的实验中可以看出无声段占整个发音动作段的 2/3 还多，所以无声段是本实验研究的重点。无声阶段按发音过程可分为两部分：一是发音前的准备阶段，从自然状态到辅音的成阻结束，此部分主要在辅音实验中分析和讨论；二是发音结束后恢复到自然状态的过程，此部分主要在元音的实验中分析和讨论。

图 3.4 是藏文"གཉིས"发音时的上下唇突度、唇开口度和嘴角拉伸度参数曲线图。上下唇突度是区分圆展唇元音的重要指标，所以在本实验中需要结合唇开口度和嘴角拉伸度对其进行分析和讨论。

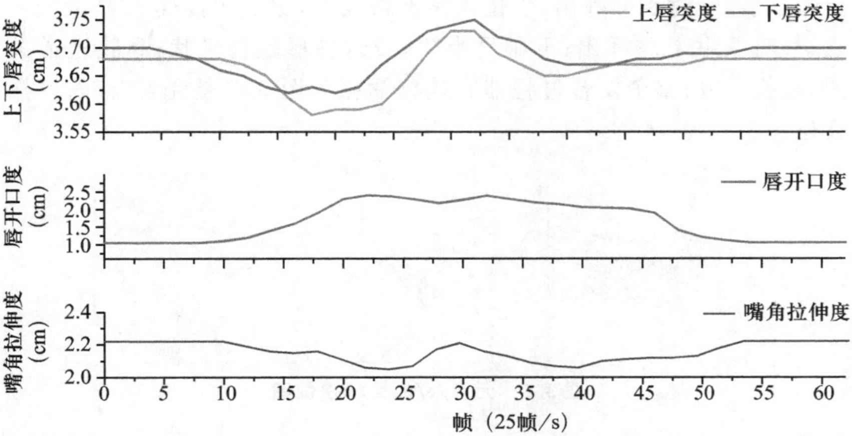

图 3.4　藏文"གཉིས"发音时的上下唇突度、唇开口度和嘴角拉伸度参数曲线图

从整体看，上下唇突度变化幅度较小：上唇在自然状态的唇突是 3.7 cm，最小值在 18 帧附近为 3.58 cm。最大出现在 30 帧附近为 3.73 cm，此时的上唇突度超过自然状态；下唇突度自然状态的值为 3.7 cm，最小值在 18 帧附近出现为 3.62 cm，此时舌尖抵下齿，口轮匝肌紧绷，所以双唇突度收缩。在协同发音的过程中双唇突度变化相对较大，在 30 帧附近向前突起，但突值不大，分别为 3.73 cm 和 3.75 cm，此时主要是发元音/i/时吐气的过程，所以上下唇微微突起。/i/音是展唇元音，从上下唇突度的数据来看，在发音过程中唇突度整体小于自然状态值，那么可假设在发展唇元音时，唇突度值会小于自然状态值，如果假设成立，唇突值对元音的圆展唇区分会起到重要作用，不过最终结论要看其他元音的唇突指标，通过比较后才能确定。

3.2.2 元音/e/动态视位特征

1. 发音方法

/e/音是一个前半闭的半高展唇元音。在发/e/音时：舌头顶住下齿龈，气流经过舌面呼出，舌位距离上腭较近，比发元音/i/时稍微低一点，气流紧贴上腭呼出；下颌呈半闭状态，唇形呈扁平状；鼻腔通道关闭，喉头上升；整个发音过程器官均衡紧张。图 3.5 是元音/e/的目标视位。

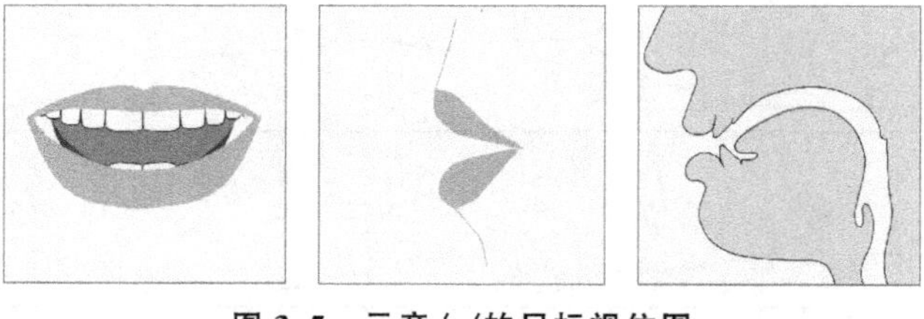

图 3.5 元音/e/的目标视位图

2. 声学分析

图 3.6 是藏文“རས”的声波图、语谱图以及目标视位图。音频长度 2 150 ms，对应的视位帧数为 53。声波图显示的频率在 1 223～1 484 Hz 之间。语谱图中 F1 的位置在 300 Hz 附近，位置相对偏低，说明舌位较高，比元音/i/稍高一点。F2 在 2 500 Hz 附近，F3 在 3 000 Hz 附近，这两个指标频率较高，说明是非圆唇元音，而这两个指标的差值为 500 Hz，距离相对较近，说明舌位比较靠前，从数据看发/e/音时舌头比发/i/时

更靠前。在/i/音的实验中,选取了 8 张发音人的目标视位图,分别是第 5、19、21、23、27、30、37 和 45 帧。从目标视位图看,5 帧前嘴唇处于准备阶段无变化,6～19 帧附近是颤音/r/的成阻段,19～21 帧附近是颤音的持阻段,21～23 帧是协同发音段。从视位图 23 帧的开口度来看,可以推测在 23 帧附近为元音/e/的目标位置。另外,从 19～30 帧的距离,发现唇形一直保持在半开状态。从协同发音时的唇开口度看,颤音/r/和元音/e/的目标位置比较相似。23～27 帧为发元音时唇形变化,从目标视位图看上下齿张开程度较小,但双唇的距离较大。通过采集的视频数据,对 2＃和 3＃发音人进行了比对,发现在发此音时上下齿张开明显,所以本实验证明是受发音人生理特征的不同所造成的这种现象。发音结束后,从 27～37 帧的变化看,视位变化比较平稳,在 45 帧附近恢复到自然状态,发音结束后恢复到自然状态的时间相对较长。

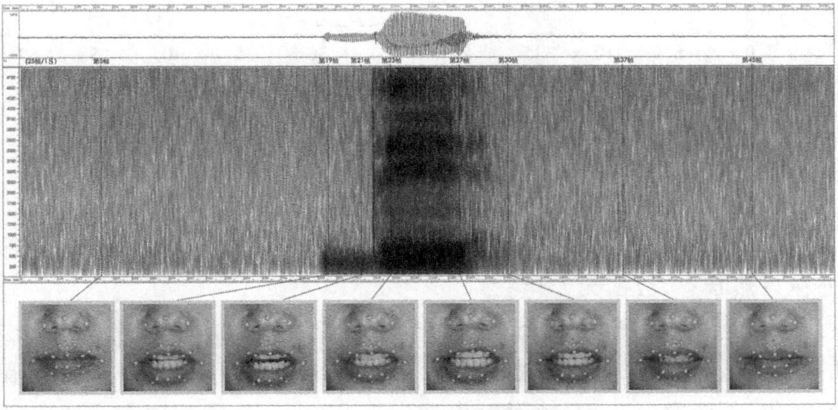

图 3.6　藏文"རས"的声波图、语谱图和目标视位图

3. 动态视位分析

图 3.7 是藏文"རས"的声波图及外唇宽度、外唇高度和嘴角拉伸度曲线图。声波图横向是音长,为 2.15 s,所对应的动态视位长度为

52 帧。

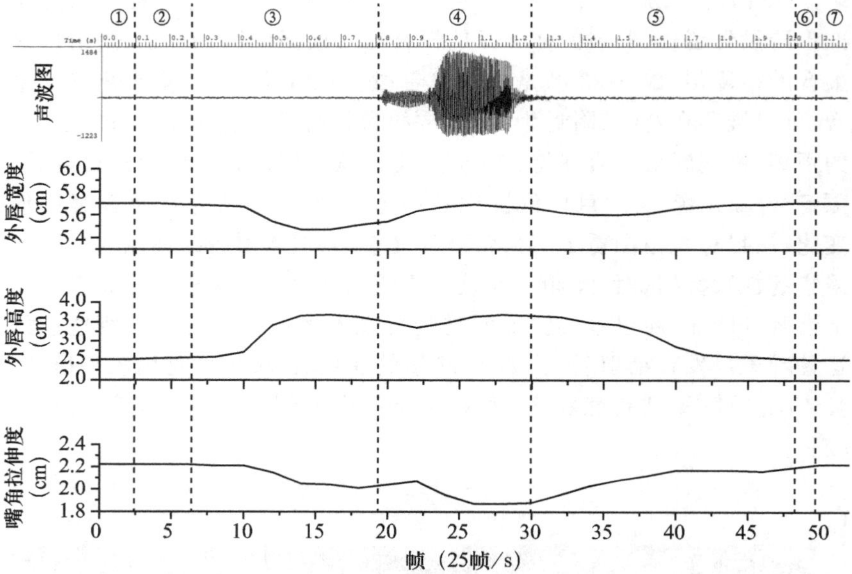

图 3.7 藏文"རས"的声波图及唇形参数曲线

(1)1 段和 7 段为准备段,口型无变化。

(2)2 段为无声段,外唇宽度和高度首先开始变化,嘴角拉伸度还处在自然状态,数据无变化。

(3)3 段为无声段,所有部位均参与发音动作,此段是前接颤音/r/的成阻段。整体来看此段变化较大。从 10 帧附近开始 3 个指标大幅度变化,外唇宽度在 15 帧附近收窄至 5.47 cm。外唇高度在此处达到了峰值,为 3.69 cm,说明此时的唇开口度最大。嘴角拉伸度在 15 帧附近向后收缩至 2.01 cm。从各部位的变化幅度来看嘴角拉伸度相对较小。

(4)4 段为有声段,所有部位都参与发音动作,其唇形变化跟语音性质相联系,此段主要变化集中在辅音和元音的协同发音过程中,但

/r/和/e/的协同发音相对简单，说明两个音的目标位置唇形比较相似。外唇宽度在15帧附近最窄，为5.47 cm，到26帧附近恢复到自然状态值。外唇高度整体变化不大。而嘴角拉伸度在此段有一定的变化，在27帧附近达到最小值，为1.87 cm。整体来看，此段嘴角拉伸度变化较大，而外唇宽度和外唇高度变化不大，从之前的视位图上也能观察到，说明辅音/r/和元音/e/目标位置的唇开口度较相似。

(5)5段和6段为无声段，所有部位都参与发音动作，此段是发音结束后各部位恢复到自然状态的过程。参与发音的各个部位均匀复位，外唇宽度在46帧附近首先恢复到自然状态，而外唇宽度和外唇高度在54帧附近恢复到自然状态值。整体看变化较小。而外唇高度和嘴角拉伸度在此段收缩比较快。整体来看此段恢复到自然状态的用时较长，尤其嘴角拉伸度恢复用时为0.9 s。

在整个发音动作段，有声段占整个发音动作的1/4。2段和3段是辅音成阻段，用时较短，各部位的变化主要集中在成阻段的中部，在成阻段后期各部位在目标值位置保持了一段时间。从有声段的数据分析发现，颤音/r/和元音/e/的目标视位比较相似，所以协同发音的过程中各部位并没有发生较大变化。5段、6段是发音结束后恢复到自然状态的时长，共用时0.9 s左右，恢复时长相对较长。

图3.8是藏文“རས”发音时的上下唇突度、唇开口度和嘴角拉伸度参数曲线图。

从整体看，上下唇突度变化幅度较小，上唇突度值高于自然状态值，而下唇突度在辅音段低于自然状态值，在元音段微高于自然状态值；在10帧附近上下唇突度开始有较大的变化，在15帧附近上唇突度到达峰值，为3.75 cm，之后一直保持在3.74 cm左右直到40帧；下唇突度最小值在17帧附近，为3.66 cm，最大值在38帧附近，为3.73 cm；在辅音成阻段前期上下唇变化较大，而后期和除阻前，基本保持在目标位置，除阻后下唇有突度突起，但突起值不大，下唇突度在成阻段前期小于自然状态。其主要原因是辅音成阻段，嘴角向后移动，口轮匝肌紧绷所影响，而除阻后口轮匝肌放松，此时发元音/e/时气流从口中呼出，

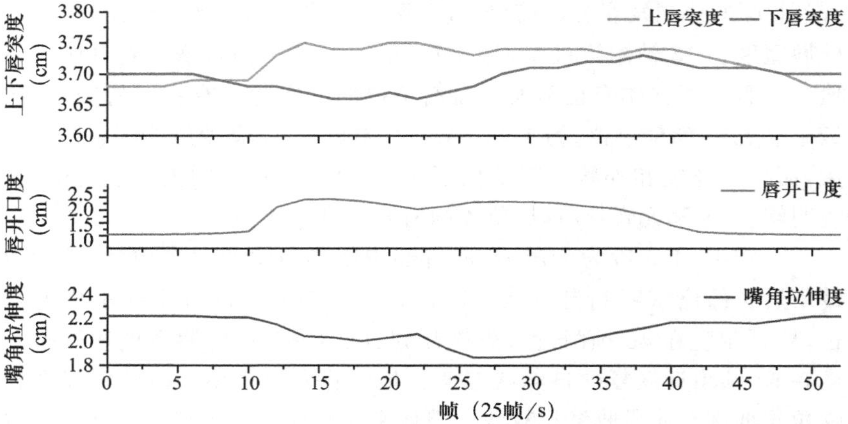

图 3.8　藏文“རས”发音时的上下唇突度、唇开口度和嘴角拉伸度参数曲线

形成了较小的唇突；从上下唇突度值来看是典型的展唇元音的特征。本实验认为：在发展唇元音时，上下唇突度受协同发音的影响，会出现大于自然状态值的情况，但变化值范围较小。

3.2.3　元音/a/动态视位特征

1. 发音方法

/a/是一个央低全开展唇元音。在发/a/音时：舌位保持较低位置，舌尖离开下齿，舌身后缩，舌后部稍微抬高；下颌张大，双唇展开，上下牙齿张开，双唇呈圆形，唇开口度是几个元音中最大的；软腭上升关闭鼻腔通道，发音时喉头会上升；整个发音过程会在目标位置保持一段时间；图 3.9 是元音/a/的目标视位。

2. 声学分析

图 3.10 是藏文“ཨ”的声波图、语谱图以及目标视位图。音频长度 2 200 ms，对应的视位帧数为 55。声波图中显示的频率在 1 904～2 789 Hz 之间。语谱图中 F1 的位置在 880 Hz 附近，位置相对偏高，说明舌位较

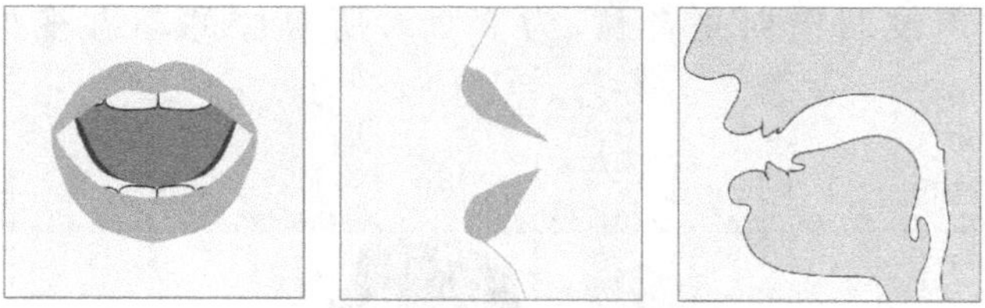

图 3.9　元音/a/的目标视位图

低。F2 在 1 370 Hz 附近，F3 在 3 000 Hz 附近，这两个指标频率较高，说明是非圆唇元音。而这两个指标的差值为 1 630 Hz，距离相对较远，说明舌位比较靠后。在/a/音的实验中，选取了 8 张发音人的目标视位图，分别是第 6、21、25、28、32、39、45 和 51 帧。从目标视位图看，6 帧前嘴唇处于准备阶段无变化，6～21 帧从自然状态张开到最大。从 22 帧附近到 32 帧，是整个发音过程，可以看到嘴唇在目标位置持续了较长的时间。从目标视位图上看，无法确定元音/a/的目标位置。需要结合其他参数进行分析后才能确定。32～51 帧是发音结束后各部位恢复到自然状态值的过程，整体变化平稳。

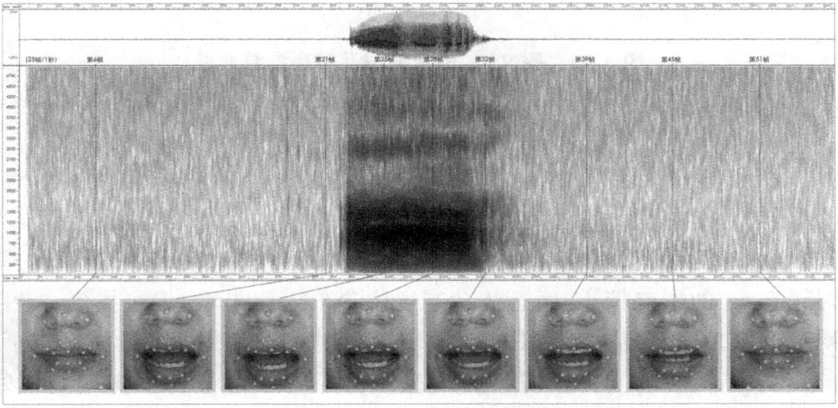

图 3.10　藏文"ཨ"的声波图、语谱图和目标视位图

3. 动态视位分析

图 3.11 是藏文"ཨ"的声波图及外唇宽度、外唇高度和嘴角拉伸度

曲线图。声波图横向是音长，为 2.2 s，所对应的动态视位长度为 55 帧。

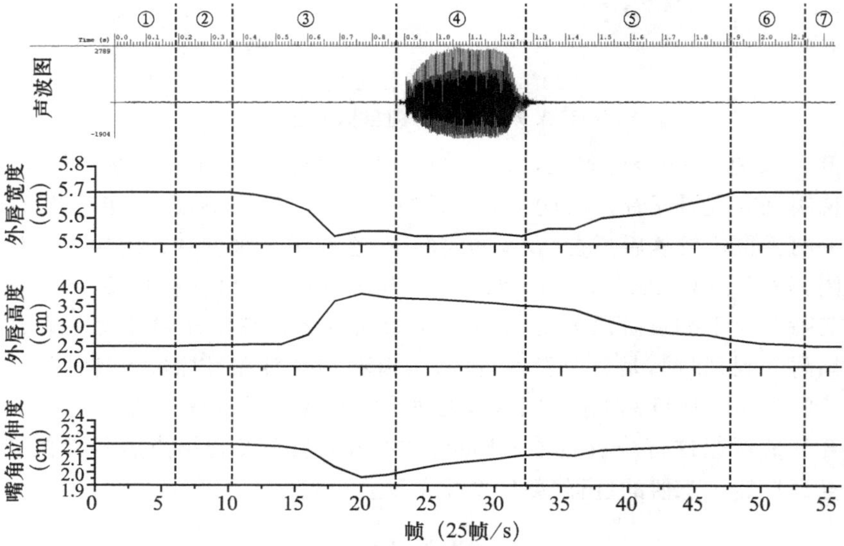

图 3.11　藏文"ཨ"的声波图及唇形参数曲线

(1)1 段和 7 段为准备段，口型无变化。

(2)2 段为无声段，外唇高度在 7 帧附近开始变化，外唇宽度和嘴角拉伸度无变化。

(3)3 段为是无声段，所有部位均参与发音动作，发/ʔa/时由于/ʔ/对元音/a/的影响较小，而且从动态视位参数变化来看，无法找到/ʔ/音明显的视位特征变化，所以对声门音/ʔ/不进行详细描述(希望在以后的实验中，可以有针对声门音的动态视位特征研究)。总体来看，此段变化较大，但有一定的规律，这和语音性质有关联。在 16 帧附近 3 个指标开始有较大的变化，首先外唇宽度在 18 帧附近收窄至 5.53 cm。外唇高度在 20 帧到达峰值，为 3.83 cm，此时的唇开口度最大。在 20 帧附近嘴角向后移动至 1.91 cm。从曲线图中可以看到在 20 帧附近，各部位已到发/a/音的目标位置。

(4)4 段为有声阶段，所有部位均参与发音动作，其唇形变化跟语音性质相联系，唇形变化相对简单，主要原因是在目标位置保持的时间较长，所以各部位几乎没有较大的变化：外唇宽度从 20～33 帧保持在 5.54 cm；外唇高度随着气流的输出，唇开口度微微收缩了一点；嘴角拉伸度在 20 帧达到最小值，为 1.96 cm，而到 33 帧位置是 2.13 cm，也只差 0.17 cm。总体来看，元音/a/的有声段各部位变化较小。

(5)5 段和 6 段为无声阶段，所有部位均参与发音动作，此段是发音结束后各部位恢复到自然状态的过程。参与发音的各个部位均复位，各部位在 50 帧附近均恢复到自然状态。因为元音/a/在发音时唇开口度较大，所以恢复时长比/i/和/e/音要长。所有发音部位恢复到自然状态用时为 0.85 s。

在整个发音动作段，有声段占整个发音动作的 1/4。2 段和 3 段为发音动作准备段，从各项指标来看，在准备段的后期变化较大。从整个发音动作的有声段来看，在目标位置保持时间较长。发音结束后恢复用时较长，其原因是发/a/音时上下唇开度较大，所以外唇宽度恢复最长，用了近 24 帧才恢复到自然状态。从元音/a/恢复时长及对比前几个音的恢复速度来看，在发音过程中，各部位动作越大，恢复到自然状态的速度就越长，这也符合人的生理特征。

图 3.12 是藏文“ཨ”发音时的上下唇突度、唇开口度和嘴角拉伸度参数曲线图。

从整体来看，上下唇突度变化幅度适中，上唇高于自然状态值，而下唇在有声段之前低于自然状态，随后又高于自然状态值。在 11 帧附近上下唇突度值开始变化，主要受唇开口度和嘴角拉伸的影响，上唇突起，下唇收紧。15～20 帧变化较大，此时的唇开口度最大，下唇在此阶段达到最小值，为 3.63 cm。随着气流的呼出上唇在 25～40 帧一直保持在 3.76 cm 附近。下唇在 25～35 帧则保持在 3.66 cm，而下唇在 38～52 帧却高于自然状态值，此时的唇开口度和嘴角拉伸度已接近于自然状态。有学者在圆唇元音的定义中谈道：“发圆唇元音时嘴唇形状

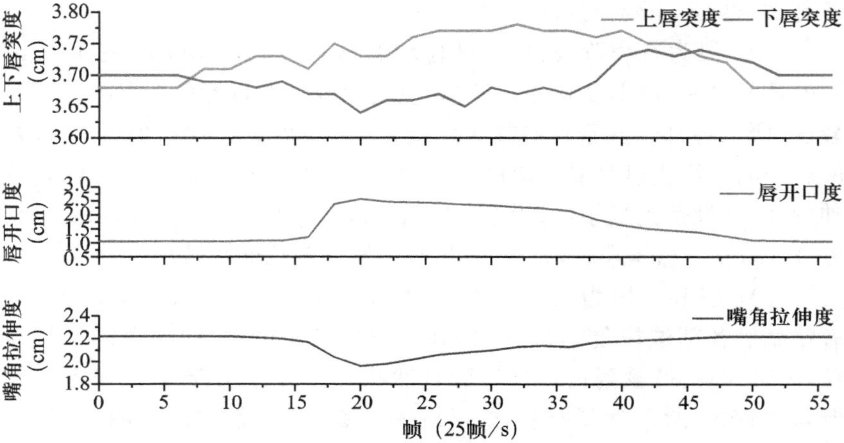

图 3.12　藏文“ཨ”发音时的上下唇突度、唇开口度和嘴角拉伸度参数曲线

变圆，唇突起”，从元音/a/的表现来看符合“变圆”和“突起”特征，那么是否可以把它定义成圆唇元音呢？其实并不能这样去理解圆唇元音的定义，需要从上下唇突的整体变化来衡量，不能因为有局部的相似就以偏概全，最终确定是否圆唇元音还要结合更多指标进行衡量。

3.2.4　元音/ə/动态视位特征

1．发音方法

/ə/为半低央元音。在发/ə/音时：舌位居中，舌身平放，舌中部稍微抬起，整个舌头放松；开口度不大，唇和牙床都保持自然状态，口部肌肉放松，口型整体呈扁平状；图 3.13 为元音/ə/的目标视位。

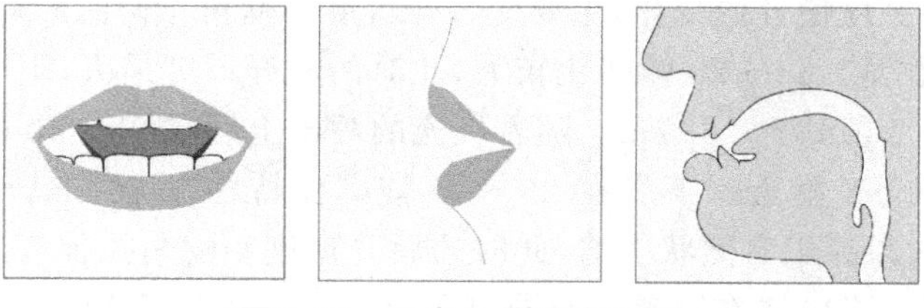

图 3.13　元音/ə/的目标视位

2. 声学分析

图 3.14 是藏文“ཨ”的声波图、语谱图以及目标视位图。音频长度为 1 800 ms，对应的视位帧数为 45。声波图中显示的频率在 1 924～2 357 Hz 之间。语谱图中 F1 的位置在 500 Hz 附近，位置相对适中，说明舌位居中。F2 在 1 380 Hz 附近，F3 在 3 100 Hz 附近，这两个指标的频率较高，说明是非圆唇元音，而这两个指标的差值为 1 720 Hz，距离相对适中，说明舌位前后居中。在/ə/音的实验中，选取了 8 张发音人的目标视位图，分别是 6、15、19、21、25、28、33 和 40 帧。从目标视位图上看，6 帧前嘴唇处于准备阶段无变化。从 6～19 帧的变化看，变化较大，19～25 帧唇形变化相对较小，说明在目标位置保持了较长的时间。从视位图 21 帧的开口度看，可以推测此时已经达到元音/ə/的目标位置。28 帧是有声段结束时的唇形，相比元音目标位置的唇形变化较大。28～40 帧是发音结束后恢复到自然状态的过程，整体看变化比较平稳，而且用时较短。

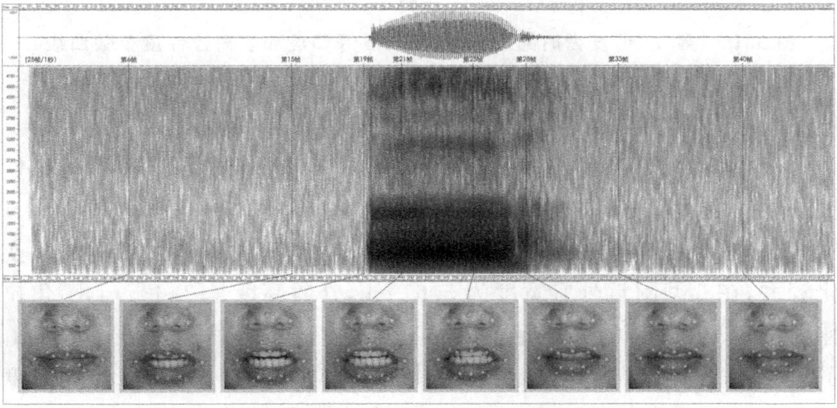

图 3.14　藏文“ཨ”的声波图、语谱图和目标视位图

3. 动态视位分析

图 3.15 是藏文“ཨ”的声波图及外唇宽度、外唇高度和嘴角拉伸度

曲线图。声波图横向是音长，为 1.8 s，所对应的动态视位长度为 45 帧。

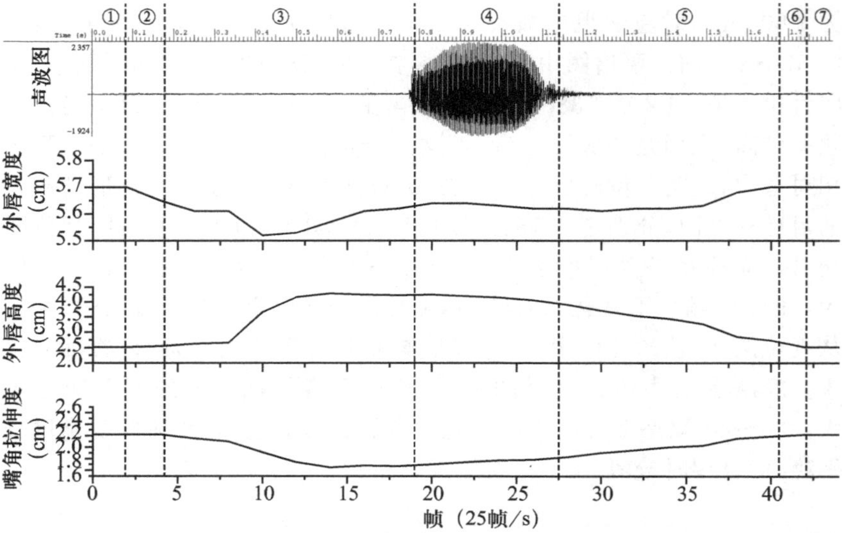

图 3.15　藏文“ཨ”发音时的上下唇突度、唇开口度和嘴角拉伸度参数曲线

(1)1 段和 7 段为准备段，口型无变化。

(2)2 段为无声段，外唇宽度和外唇高度首先开始变化，嘴角拉伸度还处在自然状态，数据无变化。

(3)3 段为无声段，所有部位均参与发音动作。从整体来看此段变化较大，在 6 帧附近外唇宽度为 5.61 cm，外唇高度是 2.62 cm，嘴角拉伸度为 2.15 cm。12 帧附近外唇宽度为 5.53 cm，外唇高度是 4.16 cm，嘴角拉伸度为 1.76 cm。在 18 帧附近外唇宽度为 5.62 cm，外唇高度是 4.23 cm，嘴角拉伸度为 1.67 cm。从数据看，此段各部位变化较大。

(4)4 段为有声阶段，所有部位均参与发音动作，其唇形变化跟语音性质相联系，在发“ཨུ”音时受辅音的影响较小，唇形变化相对简单。外唇宽度在有声段保持在 3.62～3.64 cm 之间。外唇高度保持在

2.65～2.72 cm 之间。嘴角拉伸度在 1.67～1.78 cm 之间。从各指标的数据来看,在有声段保持在目标位置时间较长。

(5)5 段为无声阶段,所有部位均参与发音动作,此段是发音结束后各部位恢复自然状态的过程。参与发音的各个部位均复位,在 35～40 帧复位速度较快。在此段外唇宽度最早恢复到自然状态,而嘴角拉伸度接近于自然状态。

(6)5 段和 6 段为无声阶段,所有部位均参与发音动作,此段是发音结束后各部位恢复到自然状态的过程。参与发音的各个部位均复位,外唇宽度在 40 帧附近首先恢复到自然状态,从整体看变化较小。从各部位恢复的时长来看恢复速度较快,在 0.6 s 前所有部位都恢复到了自然状态,是几个元音中用时最少的。

在整个发音动作段,有声段占整个发音动作的 1/5 多一点。2 段和 3 段是发音前动作准备段,用时相对较长,而且各部位的变化主要集中在此段。之后各部位在目标值位置保持了较长的时间,所以在有声段前后各部位变化较小。从嘴角的拉伸数据来看,/ə/是典型的展唇元音,在发音过程中嘴角向后移动较多。此音整体用时较短,而且在发音结束后恢复到自然状态的时长是几个元音中最短的一个。本实验认为在发音时舌头居中,嘴唇肌肉放松,而且在各部位数据变化较小的情况下,发音结束后恢复到自然状态的时间会缩短。

图 3.16 是藏文“ཨ”发音时的上下唇突度、唇开口度和嘴角拉伸度参数曲线。

从整体来看,上下唇突度变化幅度适中,而且都小于自然状态值。5～16 帧变化相对较大,在 8 帧附近上唇突度为 3.68 cm,下唇突度为 3.63 cm,嘴角拉伸度为 2.1 cm。在 16 帧附近上唇突度收缩至最小,为 3.6 cm,下唇为 3.54 cm,嘴角拉伸度为 1.68 cm。在 28 帧附近上唇突度为 3.63 cm,下唇突度为 3.54 cm,而此时的嘴角拉伸度为 1.83 cm。从数据上看,16～28 帧区间的双唇均低于自然状态值,保持较小的变化。从发/ə/音时的唇突度曲线来看,和其他元音有较大的差别,主要表现在上下唇突度值都小于自然状态,结合其他指标分析认为:在发

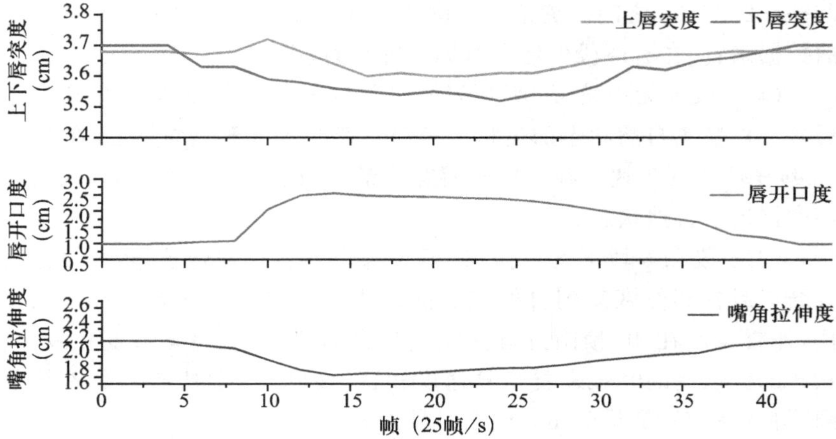

图 3.16　藏文"ཨ"发音时的上下唇突度、唇开口度和嘴角拉伸度参数曲线

/ə/音时口轮匝肌相对放松，但嘴角向后收缩较大，所以上下唇突度一直小于自然状态。

3.2.5　元音/o/动态视位特征

1. 发音方法

/o/是一个半高圆唇元音。在发/o/时：舌根后缩靠近软腭后壁，形成较大的前腔；嘴唇向前突起，嘴角向前移动，口型整体呈圆形。图3.17 为元音/o/的目标视位。

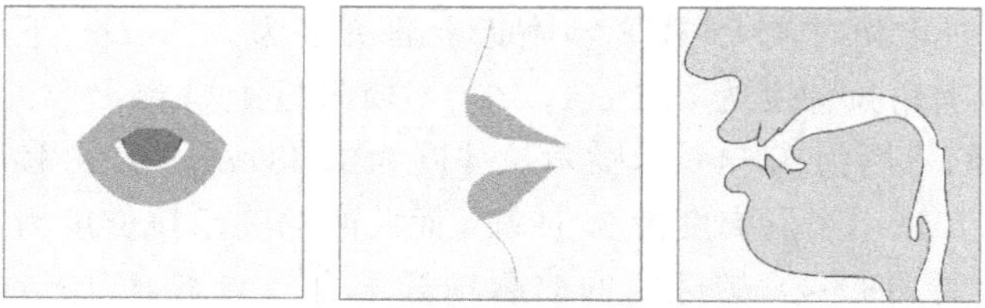

图 3.17　元音/o/的目标视位图

2. 声学分析

图 3.18 是藏文“ཨོ”的声波图、语谱图以及目标视位图。音频长度为 2 200 ms，对应的视位帧数为 55。声波图中显示的频率在 1 804～2 014 Hz 之间。语谱图中 F1 的位置在 450 Hz 附近，位置相对适中，说明舌位居中。F2 在 750 Hz 附近，F3 在 2 850 Hz 附近，这两个指标的频率相对较低，说明是圆唇元音，而这两个指标的差值为 2 100 Hz，距离相对较大，说明舌位比较靠后。在/o/音的实验中，选取了 8 张发音人的目标视位图，分别是第 4、14、20、22、28、34、39 和 52 帧。从目标视位图上看，4 帧前嘴唇处于准备阶段无变化，14～20 帧为发音准备动作段，而且在 14 帧附近已经形成了“圆唇”效果，因为在发/o/音时受辅音影响较小，所以“圆唇”效果形成较早。从目标视位图看，可以推测 22 帧附近为元音/o/的目标位置。20～28 帧唇形变化不大，一直保持“圆唇”效果，说明在发/o/音时各部位会在目标位置保持较长的时间。从 34 帧和 39 帧的目标视位图看，“圆唇”效果随着发音的结束而消失。发音结束后，在 52 帧附近所有部位恢复到自然状态。

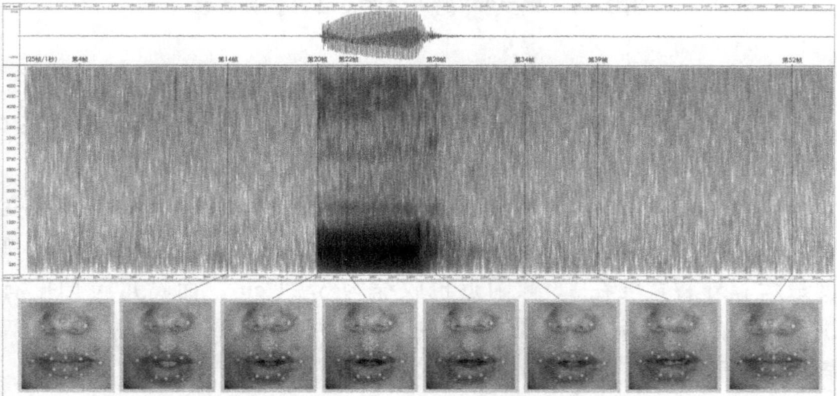

图 3.18 藏文“ཨུ”的声波图、语谱图和目标视位图

3. 动态视位分析

图 3.19 是藏文“ཨོ”的声波图及外唇宽度、外唇高度和嘴角拉伸度曲

线图。声波图横向是音长，为 2.2 s，所对应的动态视位长度为 55 帧。

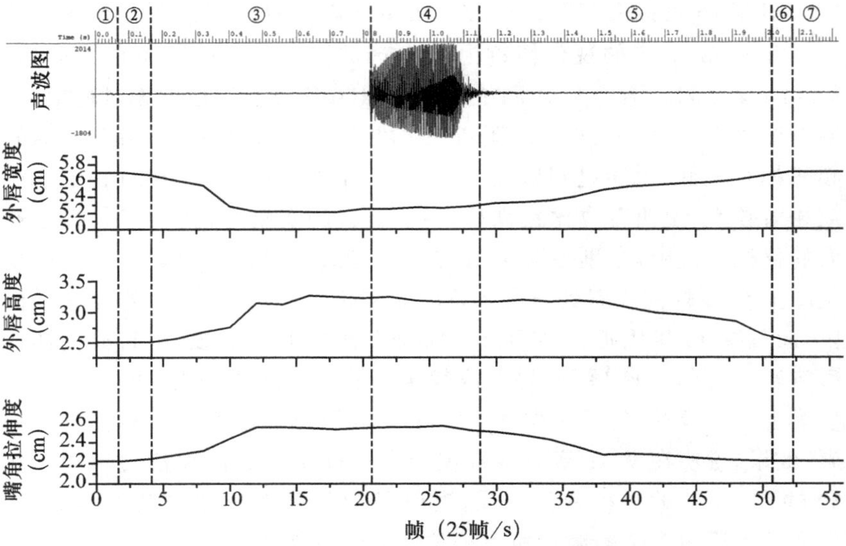

图 3.19 藏文“ཨ”的声波图及唇形参数曲线

(1)1 段和 7 段为准备段，口型无变化。

(2)2 段为无声段，外唇宽度和嘴角拉伸度首先开始变化，随后在 4 帧附近外唇高度也参与其中。

(3)3 段是无声段，所有部位均参与发音动作，从整体来看，此段变化较大。在 16 帧附近外唇高度到达峰值，为 3.27 cm，此时的唇开口度最大。外唇宽度在 16 帧附近也收缩为 5.21 cm。而嘴角拉伸度有别于前面几个元音，是向前移动，在 14 帧附近为 2.55 cm，说明此时双唇突起。

(4)4 段为有声阶段，所有部位均参与发音动作，其唇形变化跟语音性质相联系。外唇宽度在有声段保持在 5.27 cm，和前面几个元音相比唇宽度收窄较明显。外唇高度保持在 3.13～3.23 cm 之间。嘴角拉伸度在 2.55 cm 附近，从嘴角拉伸度来看和非圆唇元音有明显的区别，说明嘴角拉伸度对区分圆展唇元音具有重要意义。

(5)5 段和 6 段为无声阶段，所有部位均参与发音动作，此段是发音结束后各部位恢复到自然状态的过程。参与发音的各个部位均复位，外唇宽度变化均匀，而外唇高度在 45～50 帧突然收紧，在 50 帧恢复到自然状态。而嘴角拉伸度在 37 帧附近也已恢复到接近自然状态值，此段的数据印证了图 3.18 的目标视位在 23 帧后圆唇效果不是很明显的原因。本实验证明圆唇元音的“圆唇”并非从开始到结束一直保持“圆唇”状态，随着“圆唇”的消失，嘴角拉伸度也会变小。从各部位恢复的时长来看速度较慢，用了 1 s 的时间。在发/a/音时由于开口度较大，用时在 0.85 s 左右。而元音/o/在发音过程中开口度虽然不大，但唇突度较大，所以恢复到自然状态需要更长时间。

在整个发音动作段，有声段占整个发音动作的 1/5 不到。2 段和 3 段的准备过程用时较长，而发音结束后恢复到自然状态的速度更慢。从各项数据来看，外唇宽度和嘴角拉伸度相比前面几个元音有较明显的变化。在发/o/音时嘴角拉伸度一直保持在自然状态以上，而且向前移动的值较大。而外唇宽度收窄幅度相比前几个元音变化最大。

图 3.20 是藏文“ཨོ”发音时的上下唇突度、唇开口度和嘴角拉伸度参数曲线。

元音/o/是一圆唇元音，从外唇宽度和外唇高度及嘴角拉伸度的动态视位变化来看，符合圆唇元音特征。在发音过程中，上下唇突度均大于自然状态值，在 6 帧附近各部位有较小的变化，上下唇突度分别为 3.7 cm 和 3.68 cm，嘴角拉伸度为 2.28 cm。而在 12 帧附近各部位变化较大，此时的上下唇突度分别为 3.98 cm 和 3.76 cm，嘴角拉伸度为 2.55 cm。而在 12～26 帧区间各指标变化不大，在 26 帧附近上下唇突度分别为 3.93 cm 和 3.79 cm，嘴角拉伸度为 2.56 cm。从上下唇突度的数据看，50 帧附近依然处于突起状态，但从目标视位的参数中发现，在 39 帧附近“圆唇”已经消失，这就说明在发圆唇元音时，虽然“圆唇”效果会提前消失，但上下唇依然处于突起状态。

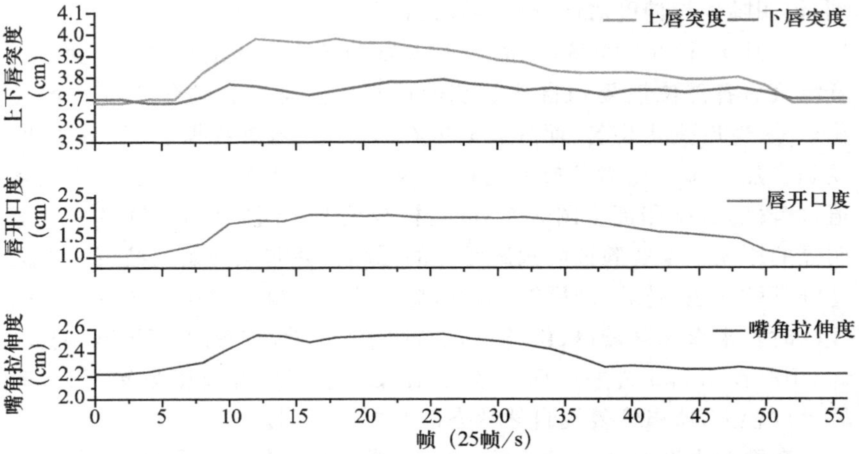

图 3.20　藏文“ཨ”发音时的上下唇突度、唇开口度和嘴角拉伸度参数曲线

3.2.6　元音/u/动态视位特征

1. 发音方法

/u/是一个后高圆唇元音，发音时，舌头向软腭处后缩，舌面后部和软腭部位相对，舌位的最高点在舌根和舌面后部，嘴唇略向前突起，唇面积由于肌肉收缩变小，上下唇收缩呈圆形状。图 3.21 为元音/u/的目标视位。

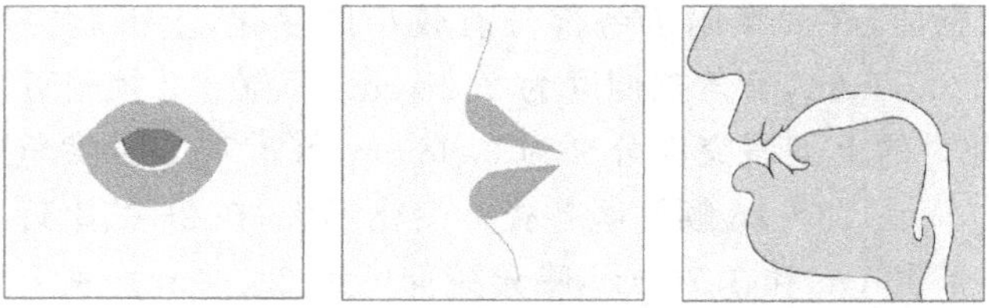

图 3.21　元音/u/的目标视位

2. 声学分析

图 3.22 是藏文“དངུལ”的声波图、语谱图以及目标视位图。音频长

度 2 080 ms，对应的视位帧数为 52。声波图中显示的频率在 1 807～1 844 Hz 之间。语谱图中 F1 的位置在 270 Hz 附近，位置相对偏低，说明舌位较高。F2 在 820 Hz 附近，F3 在 2 800 Hz 附近，这两个指标的频率相对较低，说明是圆唇元音，而这两个指标的差值为 1 980 Hz，距离相对较大，说明舌位比较靠后。在/u/音的实验中，选取了 8 张发音人的目标视位图，分别是第 5、19、22、24、26、28、35 和 50 帧。从目标视位图上看，5 帧前嘴唇处于准备阶段，无变化。在 6～18 擦音/h/的成阻段，19～22 帧是擦音/h/的持阻段，24 帧前后是复辅音/hŋ/和元音/u/的协同发音过程。从目标视位图看 24～26 帧是元音/u/的目标位置。从 28 帧的目标视位看，“圆唇”效果逐渐消失，在 35 帧的目标视位看“圆唇”已不存在。这个变化和之前的圆唇元音/o/较为相似，发音结束后各部位恢复到自然状态时，“圆唇”消失。发音结束后，在 50 帧附近所有部位恢复到自然状态。

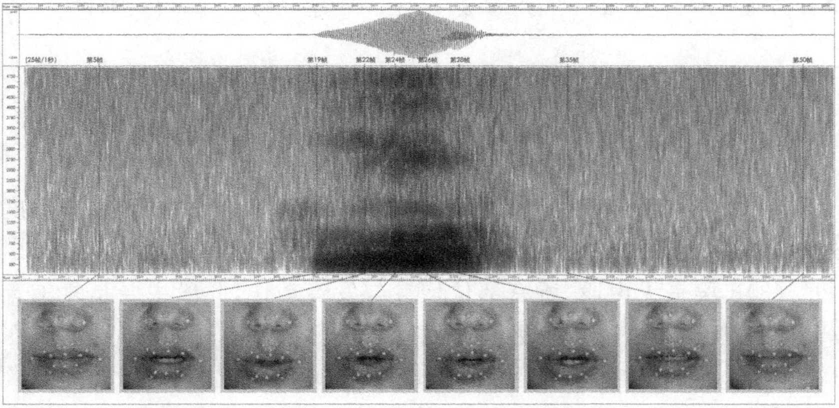

图 3.22　藏文“དངུལ”的声波图、语谱图和目标视位图

3. 动态视位分析

图 3.23 是藏文“དངུལ”的声波图及外唇宽度、外唇高度和嘴角拉伸度曲线图。声波图横向是音长，为 2.08 s，所对应的动态视位长度为 52 帧。

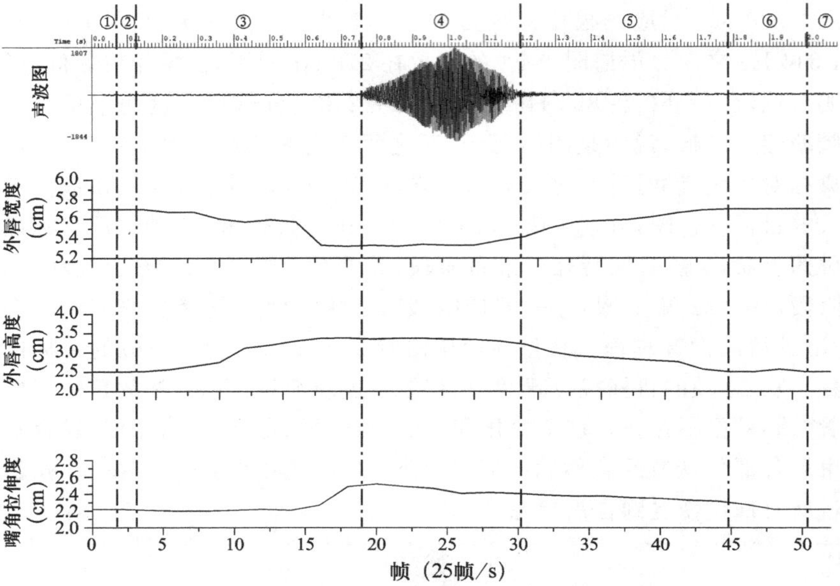

图 3.23　藏文"ངང་ལ"的声波图及唇形参数曲线

(1)1 段和 7 段为准备段，口型无变化。

(2)2 段为无声段，外唇高度和嘴角拉伸度首先开始变化，唇宽度处在自然状态，数据无变化。

(3)3 段是无声段，所有部位均参与发音动作，此段主要是复辅音 /hŋ/的成阻段，在 10 帧附近外唇宽度和内唇高度有较明显的变化，在 18 帧附近，外唇宽度收窄至 5.21 cm，外唇高度到达峰值为 3.38 cm，而嘴角拉伸度为 2.59 cm。在 15 帧前嘴角拉伸度一直保持在自然状态值附近，说明此时双唇突度变化不大。

(4)4 段为有声阶段，所有部位均参与发音动作，其唇形变化跟语音性质相联系，此段主要变化集中在辅音和元音的协同发音过程中，变化相对复杂。在此段外唇宽度变化不大，在 5.23～5.25 cm 之间。外唇高度在 18～30 帧保持在 3.36 cm 附近。而嘴角拉伸度在 20 帧附近为 2.52 cm，在 28 帧附近为 2.42 cm，相对变化较小。从三个指标数据来看，发/u/音时各部位均会在目标视位保持一段时间。

(5)5 段和 6 段为无声阶段，所有部位均参与发音动作，此段是发音结束后各部位恢复自然状态的过程。参与发音的各个部位均复位，外唇宽度在 50 帧附近各部位恢复到自然状态，用时约 0.7 s。

在整个发音动作段，有声段占整个发音动作的 1/4。2 段和 3 段是辅音成阻段，各部位的变化主要集中在成阻段的后期。从嘴角拉伸度的值来看，辅音成阻前期并没有形成"圆唇"效果。在复辅音持阻时"圆唇"效果才形成，主要表现在外唇宽度收窄，嘴角拉伸度大幅向前移动。而且形成"圆唇"效果后各部位会在目标位置保持较长的时间。发音结束后恢复到自然状态的时间相对较长。从元音/u/的各项指标来看，"圆唇"特征和/o/一致，在发音结束后并非继续保持"圆唇"效果。

图 3.24 是藏文"དབུལ"发音时的上下唇突度、唇开口度和嘴角拉伸度参数曲线。

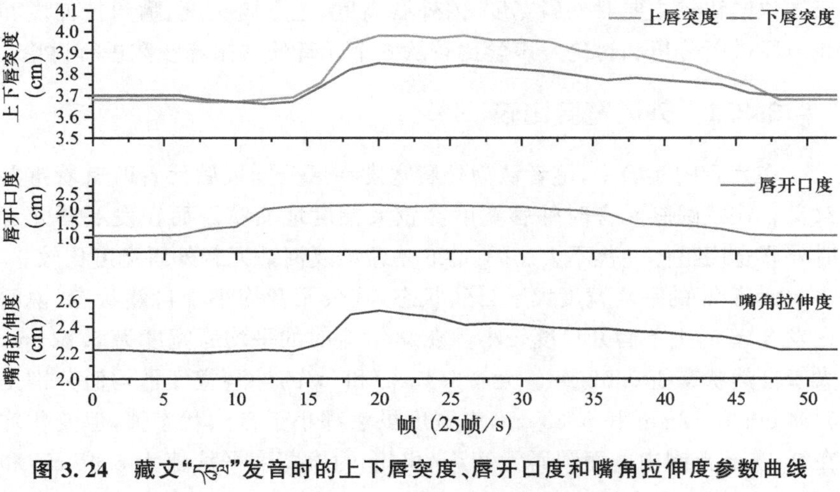

图 3.24 藏文"དབུལ"发音时的上下唇突度、唇开口度和嘴角拉伸度参数曲线

元音/u/是一个后高圆唇元音，从唇突曲线图来看，上下唇突度均大于自然状态值，上下唇突度在 20 帧附近到达了峰值，分别为 3.98 cm

和 3.84 cm。从双唇的突起数据来看，符合本文对圆唇元音的定义。在 5～15 帧区间上下唇突度和嘴角拉伸度均低于自然状态值，但是变化幅度不大，此时主要是复辅音/h/成阻影响所致。在 12 帧的位置上唇突度为 3.68 cm，下唇突度为 3.66 cm，从双唇突度值和嘴角拉伸度值来看，在此区域"圆唇"并未形成。16～20 帧双唇突起明显，此时的嘴角拉伸度也有比较大的变化，在 20 帧附近上下唇突度分别为 3.98 cm 和 3.85 cm，而嘴角拉伸度也达到了 2.52 cm。在 40 帧附近上唇突度为 3.86 cm，下唇突度为 3.77 cm，而嘴角拉伸度为 2.35 cm，说明唇突效果还依然存在，但此时的"圆唇"效果已经消失，据此本实验认为"圆唇"效果和唇突不一定会同步出现和结束。

3.3 藏语夏河话元音动态视位比较

在元音比较分析中，从动态视位比较和声学比较两个方面进行。动态视位的比较主要对外唇宽度、内外唇高度、上下唇突度、嘴角拉伸度和无声段进行分析和讨论。声学比较从 6 个元音的共振峰参数进行讨论。

3.3.1 外唇宽度比较

在元音的实验中，笔者认为外唇宽度在区分圆展唇元音时有着重要意义。在发圆唇元音时外唇宽度会较大幅度地变窄。而在发展唇元音时外唇宽度整体变化不大。图 3.25 是藏语夏河话元音外唇宽度比较。

元音/i/的平均宽度大于自然状态，其余元音均小于自然状态，说明在发/i/音时上下唇开口度较小。在发/i/音时的平均唇宽度为 5.72 cm，大于自然状态值 0.02 cm。元音/e/、/a/和/ə/的外唇宽度平均值分别是 5.64 cm、5.62 cm 和 5.63 cm，唇宽度虽然都小于自然状态值，但变化均在 0.1 cm 范围内。而圆唇元音/o/和/u/的唇宽度平均值为 5.45 cm 和 5.49 cm，均小于自然状态 0.2 cm 以上。通过数据比较，本实验认为在发展唇元音时外唇宽度变化不大，发圆唇元音时外唇宽度会变窄。外唇宽度由宽到窄依次为：/i/＞/e/＞/ə/＞/a/＞/u/＞/o/。潘晓声在普通话

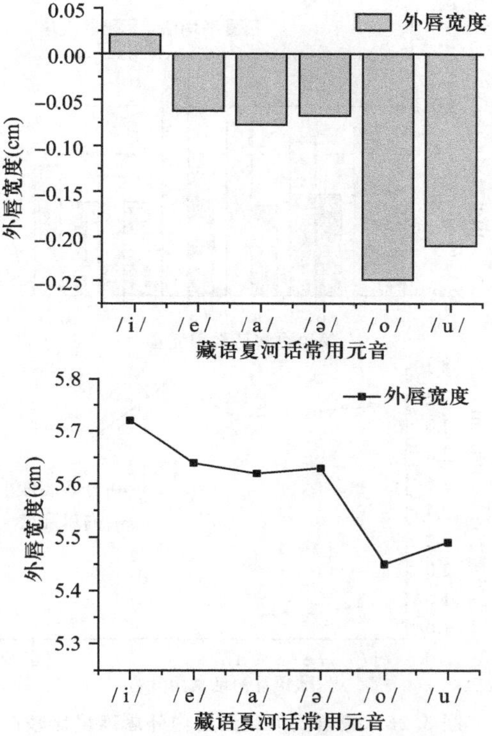

图 3.25　藏语夏河话元音外唇宽度比较

圆唇元音研究中认为，普通话发音的唇部生理运动具有一定的随意性，但基本上总能保持同一发音人圆唇元音比非圆唇元音的唇宽度更窄这一特性。通过本实验数据分析后发现，藏语夏河话也存在同样的特征。

3.3.2　唇高度比较

人在说话的过程中，唇高度变化是区分各元音的重要指标，但在区分圆展唇元音时意义不大。图 3.26 是藏语夏河话 6 个元音的唇高度比较，上图是外唇高度平均值和最大值，下图是内外唇高度平均值。

元音/i/的最大值是 3.87 cm，平均值是 3.13 cm。元音/e/的最大值

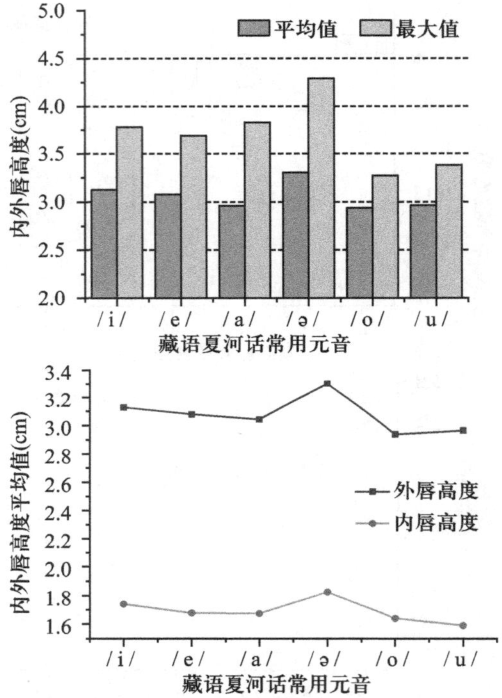

图 3.26　藏语夏河话元音内外唇高度比较

是 3.69 cm,平均值是 3.08 cm。元音/a/的最大值是 3.83 cm,平均值是 2.96 cm。元音/ə/的最大值是 4.29 cm,平均值是 3.3 cm,在元音的实验中/ə/音虽然上下唇开口度较大,但是上下齿开口较小。元音/o/的最大值是 3.27 cm,平均值是 2.93 cm。元音/u/的最大值是 3.38 cm,平均值是 2.96 cm。从数据来看元音/ə/在目标位置的开口度较大,元音/o/目标位置的开口度较小。而圆唇元音/o/和/u/的最大值和平均值最接近,说明在发音过程中唇高度变化比较平稳。从平均值来看/ə/音外唇高度最大,元音/o/的值最小。6 个元音由大到小依次为:/ə/>/i/>/e/>/a/>/u/>/o/,从外唇高度的最大目标位置来看由大到小依次为:/ə/>/a/>/i/>/e/>/u/>/o/。通过内外唇高度数据比较发现,内外唇高度是区分各元音的一个重要指标，区分圆展唇元音意义不大。

3.3.3　唇突度对比

在元音的实验中，笔者认为上下唇突度对区分圆展唇元音有重要意义，在发圆唇元音时双唇会突起，上唇突度比下唇突度变化更大。图3.27是藏语夏河话6个元音的上下唇突度比较。

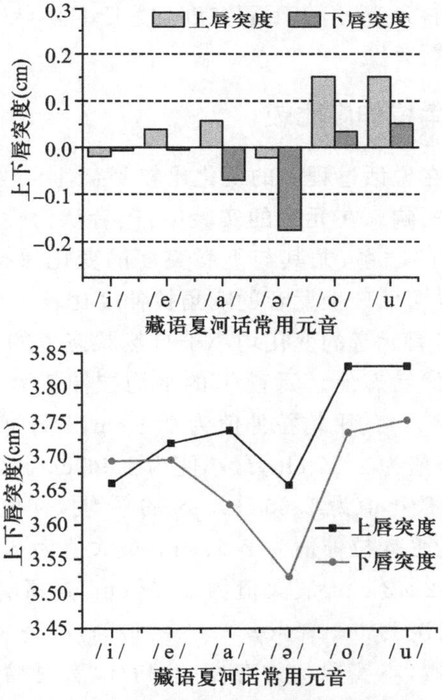

图3.27　藏语夏河话元音上下唇突度比较

元音/i/和/ə/的双唇突度平均值均小于自然状态，元音/i/的上下唇突度值为3.66 cm和3.69 cm。元音/ə/的上下唇突度值为3.66 cm和3.53 cm，从数据看，/ə/音的突度值是所有元音中最小的。元音/e/和/a/的上唇突度平均值大于自然状态，下唇突度平均值小于自然状态。/e/的上下唇突度值分别为 3.72 cm 和 3.69 cm,/a/的上下唇突度值分别为 3.74 cm 和 3.63 cm。圆唇元音/o/和/u/的双唇平均突度均大于自然状态。元音/o/的上下唇突度值分别为 3.83 cm 和 3.73 cm,元音/u/的上下唇突度值分别为 3.83 cm 和 3.75 cm。上唇突度由大到小依次为:/o/>/u/>/a/>/e/>/i/>/ə/,下唇突度由大到小依次为:/u/>/o/>/e/>/i/>/a/>/ə/。从上下唇突度参数比较来看,本实验认为在发圆唇元音时,上下唇突度均大于自然状态,而且上唇突度变化幅度大于下唇突度。

3.3.4 嘴角拉伸度比较

嘴角拉伸度在说话过程中的变化比较复杂,既与嘴唇变化有关系,又受下颌运动的影响。在元音的实验中,笔者认为嘴角拉伸度和上下唇突度存在一定的联系,尤其与下唇突度的变化保持较强的一致性。图 3.28 是藏语夏河话 6 个元音的嘴角拉伸度比较。

总体来看,展唇元音的变化均小于自然状态值的 2.22 cm,而圆唇元音的则大于自然状态值。元音/i/的平均拉伸值为 2.14 cm,最小值为 2.05 cm。元音/e/的平均拉伸值为 2.1 cm,最小值为 2.01 cm。元音/a/的平均拉伸值为 2.17 cm,最小值为 1.96 cm。元音/ə/的平均拉伸值为 1.99 cm,最小值为 1.65 cm,/ə/的平均拉伸值是所有元音中最小的。元音/o/的平均拉伸值为 2.37 cm,最大值为 2.56 cm。元音/u/的平均拉伸值为 2.43 cm,最大值为 2.62 cm,是所有元音中最大的。变化由大到小依次为:/u/>/o/>/i/>/a/>/e/>/ə/。从嘴角拉伸度的参数比较来看,本实验认为在发/o/和/u/音时嘴角向前移动平均值大于自然状态。从嘴角拉伸度的值来看,圆唇元音的拉伸度明显大于展唇元音,所以嘴角拉伸度在区分圆展唇元音时有重要的意义。

3.3.5 无声段比较

无声段的比较主要是对发音结束后各部位恢复到自然状态的过程进行分析和讨论。如图 3.29 所示,依据元音实验中研究内容,对发音

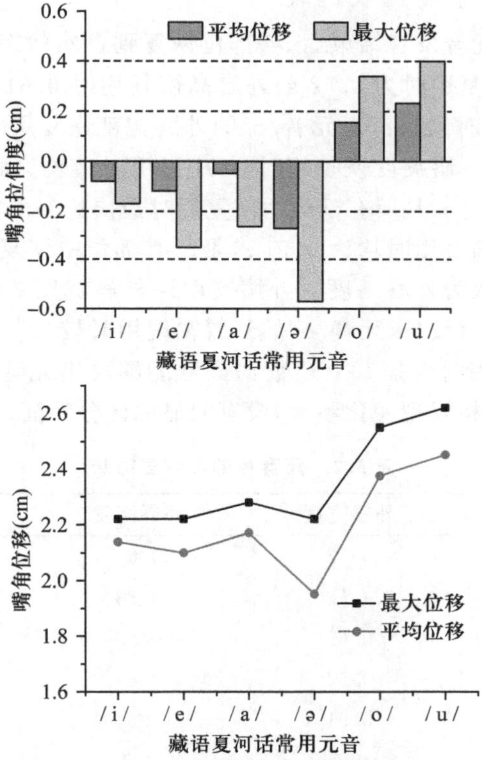

图 3.28　藏语夏河话元音嘴角拉伸度比较

结束后的 5 段和 6 段进行分析和讨论。在无声段的比较中，主要从两个方面进行：①各部位恢复时长比较；②元音平均恢复时长比较。

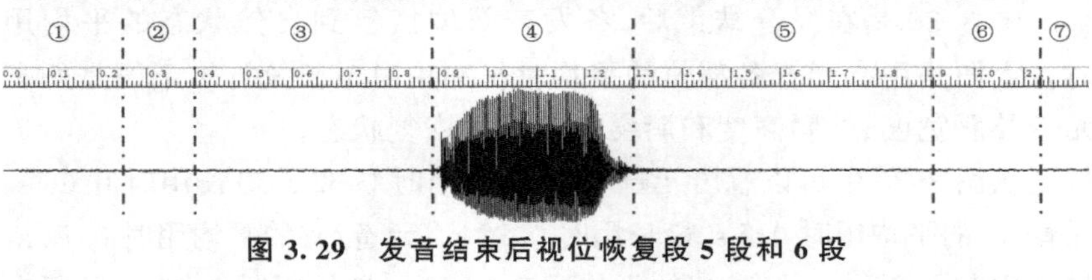

图 3.29　发音结束后视位恢复段 5 段和 6 段

1. 各部位恢复时长比较

表 3.2 是元音发音结束后，各部位恢复到自然状态所用时长。元音/ə/的唇宽恢复用时为 0.52 s、外唇高恢复用时 0.61 s、唇突度恢复用时 0.61 s，用时最短。而元音/o/的外唇宽度恢复用时 0.91 s、唇高恢复用时 0.84 s、唇突度恢复用时 0.91 s，用时最长。而元音/i/和/ə/的外唇宽是 0.52 s，是所有部位中恢复用时最快的部位。而元音/o/外唇宽度和外唇高度用时均为 0.91 s，是所有部位中恢复用时最长的部位。平均值依次为外唇高度＞外唇突度＞外唇宽度。元音/o/、/e/和/a/的唇突度用时较长，元音/o/的外唇宽度用时较长。而/i/音的外唇宽度和唇突度用时较短。上述数据虽然能够看出元音各部位用时情况，但从数据分析发现变化不大，没有明显的区分特征。

表 3.2　元音各部位恢复时长　s

元音	外唇宽度	外唇高度	唇突度
i	0.52	0.66	0.53
e	0.8	0.83	0.89
a	0.61	0.85	0.87
ə	0.52	0.61	0.62
o	0.91	0.84	0.91
u	0.8	0.8	0.73
平均值	0.693	0.765	0.757

2. 元音平均恢复时长比较

图 3.30 是在发音结束后，各发音部位恢复到自然状态的平均用时。上图是所有元音各部位的平均时长和用时最长统计。下图是所有元音外唇宽度、外唇高度和唇突度指标的恢复状态。

从图 3.30 中可以看出元音/i/的平均用时 0.62 s，最长用时 0.68 s。元音/e/的平均用时 0.7 s，最长用时 0.82 s。元音/a/的平均用时 0.73 s，最长用时 0.82 s。元音/ə/的平均用时 0.56 s，最长用时 0.61 s，是所有

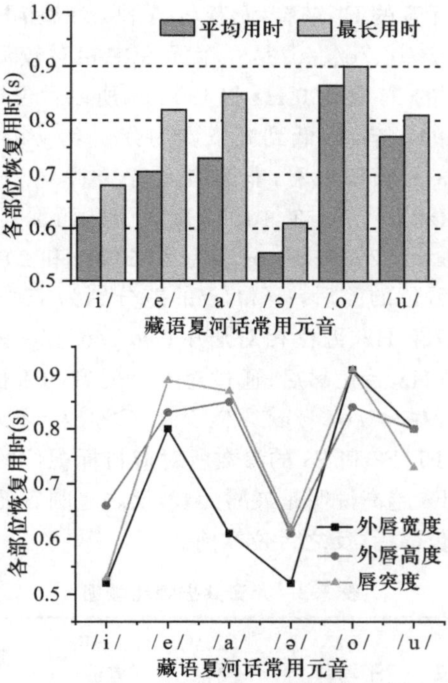

图 3.30　结束发音后各部位恢复时长

元音中用时最短的。元音/o/的平均用时 0.87 s,最长用时 0.9 s。元音/u/的平均用时 0.77 s,最长用时 0.81 s。元音的实验中/ə/音的整个长度为 44 帧,在所有元音中用时最短,各项数据表明在发此音时速度较快。发/a/音时由于唇开口度较大,恢复需要一定的时间。发圆唇元音/o/和/u/音时平均用时最长。恢复速度的平均值由长到短依次为:/o/>/u/>/a/>/e/>/i/>/ə/。本文认为在发音过程中各部位变化幅度越大,恢复到自然状态的时间就越长。

3.3.6　视位与共振峰比较

在表 3.3 中可以看出,元音的共振峰指标和舌位与唇形的圆展有一定关系。从 6 个元音的 F1 来看,元音/a/最高,为 880 Hz,是所有元音中舌位最低的。元音/i/、/e/、/u/是几个元音中相对较低的,所以舌位较高。元音/ə/、/o/的 F1 是 500 Hz 和 450 Hz,所以舌位居中,结合共振峰数据对元音舌位的影响,由低到高依次为:/a/＞/ə/＞/o/＞/e/＞/i/＞/u/。从 F2 和 F3 的频率来看,非圆唇元音/i/、/e/、/a/和/ə/的频率较高,F2 在 1 300 Hz 以上,F3 在 3 100 Hz 以上。而圆唇元音/o/和/u/的 F2 分别为 750 Hz 和 820 Hz,F3 分别为 2 850 Hz 和 2 800 Hz。F2 和 F3 差值的大小决定舌位的前后,/i/和/e/的差分别为 750 Hz 和 500 Hz,舌位靠前;/ə/为 1 720 Hz,舌位相对居中;/a/、/o/、/u/的值为 1 630 Hz、2 100 Hz 和 1 980 Hz,舌位靠后;通过对 6 个元音的舌位前后位置比较,由前到后依次为:/e/＞/i/＞/a/＞/ə/＞/u/＞/o/。视位与共振峰的比较证明了共振峰 F1、F2 和 F3 的参数所对应目标视位的关系是:F1 越低舌位越高,F2 和 F3 越高说明是展唇元音,反之是圆唇元音。这两个指标的差距大说明舌位靠后,反之舌位靠前。

表 3.3 元音共振峰比较图 Hz

元音	F1 平均值	F2 平均值	F2 平均值	F2—F3 差值	唇形	舌位高低/ 舌位前后
i	290	3 000	3 750	750	非圆唇	高/靠前
e	300	2 500	3 000	500	非圆唇	高/靠前
a	880	1 370	3 000	1 630	非圆唇	低/靠后
ə	500	1 380	3 100	1 720	非圆唇	居中/居中
o	450	750	2 850	2 100	圆唇	居中/靠后
u	270	820	2 800	1 980	圆唇	高/靠后

3.4 藏语夏河话元音唇形动态视位相似性分析

单卫等(2002)将汉语连续变化的口型进行分类,他们在考虑了大量中间过渡状态的口型后进行分类。本文对藏语夏河话的相似性分析，同样要考虑协同发音时的过渡口型。所以本文将动态唇形视位分解为三部分，即形成口型、保持口型和解除口型。形成口型是与辅音相拼时的协同发音口型，在CV结构中要充分考虑前置辅音对元音的协同发音影响，所以本实验用3种不同辅音与之相拼，并且得到同样的结果才能归纳为同一类口型，如果词表中没有与之相匹配的音节，可以用同一类辅音代替，但必须考虑不同音的相互影响。保持口型是在发音过程中口型成型后，保持在目标位置时的状态，在动态视位研究时要充分考虑保持的时间长短和前后口型衔接的位置。解除口型是发音结束后口型恢复到自然状态的一个过程，由于在发音时各视位状态不同，所以恢复到自然状态的过程也不同。

在相似性分析中，要把每一个音的5个视位指标(外唇宽度、外唇高度、上唇突度、下唇突度和嘴角拉伸度)按3种口型分段处理，由于各音的语音性质不同，时长无法保持一致，所以要计算出每一个音不同段的平均值。假设每一个音为一类，就要把这一类的5个指标的3种口型和所有样本进行比较。表3.4是清塞音/k/与元音相拼形成/kV/音节的元音动态视位相似性实验结果。表3.6是鼻音/m/与元音相拼形成/mV/音节的元音动态视位相似性实验结果。表3.8是擦音/s/与元音相拼形成/sV/音节的元音动态视位相似性实验结果。从表中可以看出，深灰色表示口型相同，它们之间的差值通常在0.02 cm以内，而浅灰色表示口型相似，它们的差值为0.2 cm以内。判断口型是否相似须同时符合以下三条件，才可以归纳为同一类动态视位口型：①不同音的同一视位指标的某种口型差值小于0.2 cm；②不同音在前置同一个辅音时所有指标均达到口型相似状态，如表3.4中/e/和/a/的口型符合要求；③必须同时满足3个音节的口型相似，如果/e/和/a/在/kV/、/mV/和/sV/的音节中均符合条件②，就可以归为同一类口型。

(1)藏语夏河话/kV/音节中元音相似性分析实验结果，如表3.4所示。

表 3.4 /kV/音节中元音相似性分析实验结果 cm

视位指标		外唇宽度			外唇高度			上唇突度			下唇突度			嘴角拉伸度		
口型状态		形成	保持	解除	形成	保持	解除	形成	保持	解除	形成	保持	解除	形成	保持	解除
非圆唇	i	5.55	5.73	5.71	3.17	3.41	2.91	3.65	3.67	3.68	3.7	3.72	3.71	1.98	2.1	2.13
非圆唇	e	5.54	5.67	5.65	3.41	3.66	3.06	3.56	3.74	3.73	3.72	3.7	3.71	1.96	1.87	2.09
非圆唇	a	5.53	5.54	5.61	3.52	3.69	3.06	3.69	3.76	3.77	3.71	3.55	3.66	2	2.04	2.19
非圆唇	ə	5.61	5.62	5.64	3.7	4.24	3.55	3.66	3.6	3.65	3.32	3.12	3.43	1.76	1.68	1.95
圆唇	o	5.31	5.27	5.47	2.98	3.18	3.04	3.96	3.93	3.83	3.81	3.78	3.74	2.56	2.54	2.35
圆唇	u	5.3	5.24	5.48	2.93	3.36	3.01	3.97	3.95	3.83	3.85	3.82	3.75	2.7	2.61	2.49

圆唇元音和非圆唇元音的唇宽度和唇突度指标差值较大，所以无须进行同类判断，而 4 个非圆唇元音可以成组进行判断，两个圆唇元音为一组进行判断。如表 3.4 所示，/e/和/a/的所有指标为浅灰色或深灰色，满足条件①和②，说明在发/kV/音节时口型相似。而/i/和/ə/在外唇高度、上下唇突度以及嘴角拉伸度指标中均出现了较大差距的口型，无法和其他音归为一类，即单独成为一类口型。圆唇元音/o/和/u/所有视位指标口型都满足条件①和②，/o/和/u/在发/kV/音节时口型相似，可以归为一类。如表 3.5 所示，在发/kV/音节时，元音的口型可以归纳四类。虽然类别 2 和 4 满足条件①和②，但是并没有进行与条件③的判断，所以最终是否归为一类还需视和其他音节相拼时的实验结果而定。

表 3.5　/kV/音节中元音相似性分析口型归类结果

类别	1	2	3	4
元音	i	e、a	ə	o、u

(2)藏语夏河话/mV/音节中元音相似性分析实验结果,如表 3.6 所示。

表 3.6　/mV/音节中元音相似性分析实验结果　　cm

视位指标		外唇宽度			外唇高度			上唇突度			下唇突度			嘴角拉伸度		
口型状态		形成	保持	解除	形成	保持	解除	形成	保持	解除	形成	保持	解除	形成	保持	解除
非圆唇	i	5.72	5.73	5.74	2.68	3.4	2.93	3.69	3.67	3.68	3.71	3.72	3.71	1.98	2.1	2.13
非圆唇	e	5.69	5.67	5.65	2.55	3.55	3.06	3.68	3.72	3.71	3.7	3.7	3.7	1.99	1.93	2.09
非圆唇	a	5.71	5.54	5.61	3.52	3.69	3.06	3.69	3.76	3.77	3.71	3.55	3.6	2.06	2.04	2.12
非圆唇	ə	5.66	5.61	5.64	3.7	4.24	3.55	3.66	3.6	3.65	3.32	3.12	3.43	1.76	1.68	1.96
圆唇	o	5.46	5.33	5.47	2.98	3.2	3.12	3.96	3.91	3.82	3.8	3.78	3.75	2.56	2.56	2.36
圆唇	u	5.43	5.28	5.48	2.93	3.21	2.89	3.97	3.94	3.8	3.84	3.83	3.75	2.73	2.3	2.51

通过/mV/音节相似性分析,可以把口型暂时分为 5 类,如表 3.7 所示,其中非圆唇元音/i/、/e/和/a/满足条件①和②,但元音/i/未满足条件③所以不能归为一类。而圆唇元音/o/和/u/未满足条件所以 1 和 2 不能归类为一组。

表 3.7　/mV/音节中元音相似性分析口型归类结果

类别	1	2	3	4	5
元音	i	e、a	ə	o	u

(3)藏语夏河话/sV/音节中元音相似性分析实验结果,如表 3.8 所示。

表 3.8　/sV/音节中元音相似性分析实验结果　　cm

视位指标		外唇宽度			外唇高度			上唇突度			下唇突度			嘴角拉伸度		
口型状态		形成	保持	解除	形成	保持	解除	形成	保持	解除	形成	保持	解除	形成	保持	解除
非圆唇	i	5.72	5.63	5.7	3.1	3.4	2.9	3.62	3.63	3.66	3.71	3.69	3.76	2.01	2.19	2.15
非圆唇	e	5.68	5.61	5.62	3.21	3.61	3.03	3.56	3.73	3.75	3.77	3.71	3.74	1.99	1.99	2.13
非圆唇	a	5.63	5.59	5.63	3.45	3.69	3.01	3.65	3.77	3.77	3.73	3.39	3.6	2.12	2.13	2.13
非圆唇	ə	5.66	5.6	5.62	3.8	4.19	3.5	3.65	3.61	3.66	3.35	3.1	3.46	1.76	1.62	1.99
圆唇	o	5.33	5.29	5.51	3.05	3.1	3.1	3.9	3.92	3.81	3.82	3.71	3.73	2.68	2.58	2.42
圆唇	u	5.32	5.32	5.5	2.9	3.28	3.15	3.92	3.93	3.8	3.86	3.95	3.79	2.73	2.63	2.39

通过/sV/音节相似性分析,所有音均无法满足上述 3 个条件,所以在/sV/中可以把口型分为 6 类,如表 3.9 所示。

表 3.9　/sV/音节中元音相似性分析口型归类结果

类别	1	2	3	4	5	6
元音	i	e	a	ə	o	u

从上述实验结果来看,虽然/e/和/a/与/o/和/u/符合条件①和②,但都未能满足条件③,所以无法归为同一类口型。因此在藏语夏河话元音相似性口型分析中,并没有出现符合条件的两个音为同一类的口型。本文依据动态视位实验结果,最终将藏语夏河话元音的动态视位口型归纳为 6 类,如表 3.10 所示。

表 3.10　藏语夏河话元音动态视位口型归类

类别	1	2	3	4	5	6
元音	i	e	a	ə	o	u

3.5　本章小结

本章对藏语夏河话常用元音/i/、/e/、/a/、/ə/、/o/、/u/从声学参数以及静态和动态视位指标方面进行了以下几个方面的分析和讨论：①元音在目标位置的静态视位特征；②在声学分析中，利用共振峰 F1、F2 和 F3 的频率来判断舌位和唇形关系，并通过目标位置视位图与声波图和语谱图的关系进行分析讨论；③在唇形动态视位分析中，首先从外唇宽度、外唇高度和嘴角拉伸度的变化值进行分段式分析和讨论，然后从双唇突度、唇开口度和嘴角拉伸度参数，重点对唇突度和嘴角拉伸度指标进行分析和讨论；④对各元音的不同视位指标进行了比较；⑤通过唇形动态视位数据，对藏语夏河话元音口型进行相似性分析，并依据实验结果对其进行动态视位口型分类。图 3.31 是笔者依据三维动态视位数据绘制的藏语夏河话元音静态视位图。

通过上述步骤进行藏语夏河话常用元音唇形动态视位分析，得出以下结论。

(1)元音/i/的实验中，F1 的频率偏低，说明舌位较高；F2 和 F3 频率较高，说明是非圆唇元音，而这两个指标的差值较小，说明舌位比较靠前。从动态视位参数分析的结果来看，各部位变化幅度适中，相对变化集中在成阻段后期和协同发音过程中；在唇突度和开口度的比较中可以发现，双唇突度值整体突起不大；在整个发音过程中有声段占所有发音动作段的 1/3 不到；在发音结束后，各部位恢复到自然状态值用时约为 0.6 s。

(2)元音/e/的实验中，F1 的频率偏低，说明舌位较高；F2 和 F3 频率较高，说明是非圆唇元音，而这两个指标的差值较小，说明舌位比较靠前。从动态视位参数分析的结果来看，在发音时各部位变化不大，有

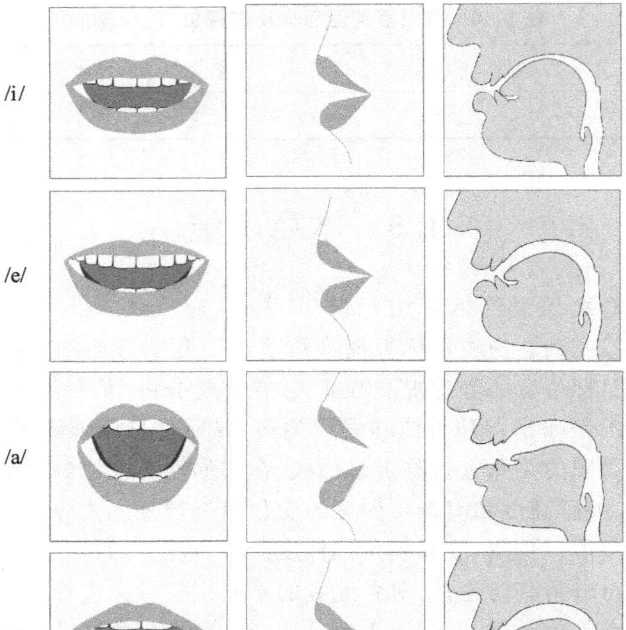

图 3.31　藏语夏河话元音静态视位图

声段只占发音动作段的1/4，发音结束后各部位恢复到自然状态的用时较长。在唇突度动态视位的分析中，上下唇突度受辅音协同发音的影响，会出现大于自然状态值的情况，但变化值范围较小。

(3)元音/a/的实验中，F1的频率偏高，说明舌位较低。F2和F3频率较高，说明是非圆唇元音，而这两个指标的差值较大，说明舌位靠后；从动态视位参数分析的结果来看，在发音时各部位变化较大，是夏河话几个元音中唇开口度最大的音，有声段占发音动作段的1/4，发音结束后各部位恢复到自然状态的时间较长，从/a/音来看主要受到唇开口度的影响，所以用时较长。在发音过程中，各部位动作越大恢复到自然状态的速度就越慢。从唇突度的数据分析来看，要理解圆唇元音的定义，需要从上下唇突的整体变化来衡量，不能因为有局部的相似就以偏概全，所以要确定圆唇元音还要结合更多指标进行衡量。

(4)元音/ə/的实验中，F1的频率适中，说明舌位居中。F2和F3频率较高，说明是非圆唇元音，而这两个指标的差值适中，说明舌位前后居中；从动态视位参数分析的结果来看，在发音时各部位变化不大，有声段的用时占整个发音动作段的1/5多一点。在口轮匝肌相对放松、舌位变化不大的情况下，发音结束后恢复到自然状态的时间会缩短。从双唇突度值分析发现，嘴角拉伸度和下唇突度成正比。

(5)元音/o/的实验中，F1的频率适中，说明舌位居中。F2和F3频率较低，说明是圆唇元音，而这两个指标的差值较大，说明舌位靠后；从动态视位参数分析的结果来看，在发音时各部位变化较大，有声段的时间占整个发音动作的1/5，而且在发音结束后恢复到自然状态的用时较长。从嘴角拉伸度的数据来看，在发圆唇元音时嘴角拉伸度向前移动幅度较大。从双唇突度值来看，双唇在发音时均处于突起状态，而且上唇突度的变化幅度大于下唇突度。本实验证明：①在发音过程中，圆唇元音的“圆唇”并非从开始到结束一直保持“圆唇”状态，发音结束后“圆唇”效果会很快消失；②在发圆唇元音时双唇会一直处于突起状态，而且上唇要比下唇更突出，所以唇突度指标在区分圆展唇元音中有重要意义；③在发圆唇元音时嘴角拉伸度会向前大幅度移动，所以嘴角拉伸度是区分圆展唇元音的重要指标。

(6)元音/u/的实验中,F1 的频率偏低,说明舌位较高。F2 和 F3 频率较低,说明是圆唇元音,而这两个指标的差值较大,说明舌位靠后;从动态视位参数分析的结果来看,在发音时各部位变化较大,有声段的时间占整个发音动作的 1/4,而且在发音结束后恢复到自然状态的用时较长。从嘴角拉伸度的数据来看,在发圆唇元音时嘴角拉伸度较大。从双唇突度值来看,双唇在发音时均处于突起状态,而且上唇突度的变化幅度更大。因此本实验证明:①在发圆唇元音时,虽然会受到辅音协同发音的影响,但双唇依然会突起;②在发音结束后,虽然“圆唇”效果会很快消失,但唇突度不会和“圆唇”同步消失;③在发圆唇元音时,嘴角拉伸度和下唇突度的变化比较相似。

(7)动态视位比较和声学比较。动态视位比较主要对外唇宽度、内外唇高度、上下唇突度、嘴角拉伸度、无声段和三位发音人的唇形视位进行分析和讨论。声学比较主要从共振峰参数和目标位置的视位特征进行讨论。本实验证明:①在发展唇元音时外唇宽度变化不大,但发圆唇元音时唇宽度收窄,所以用唇宽度来区分圆展唇元音具有重要意义。②通过对内外唇高度数据比较,发现内外唇高度变化对区分圆展唇元音意义不大。③从上下唇突度参数比较来看,本实验证明在发圆唇元音时,上下唇突度均大于自然状态,而且上唇突度变化幅度大于下唇突度。④从嘴角拉伸度的参数比较来看,本实验证明在发圆唇元音时嘴角向前移动平均值大于自然状态。从嘴角拉伸度的值来看,圆唇元音的拉伸度明显大于展唇元音,所以嘴角拉伸度在区分圆展唇元音时有重要的意义。⑤从无声段的比较中发现各部位变化幅度越大,恢复到自然状态的时间就越长。⑥在视位与共振峰的比较中证明了共振峰 F1、F2 和 F3 的参数所对应目标视位的关系:F1 越低舌位越高;F2 和 F3 越高说明是展唇元音;F2 和 F3 越低说明是圆唇元音;而这两个指标的差距大说明舌位靠后,差距越小说明舌位靠前。

(8)在藏语夏河话元音动态视位口型相似性分析中,本文将唇形动态视位分解为三部分,形成口型、保持口型和解除口型,并对各部分口型的5个视位指标(外唇宽度、外唇高度、上唇突度、下唇突度和嘴角拉伸度)进行相似性判断。分析结果表明,在藏语夏河话中并没有出现符合条件的两个或两个以上的音归为同一类口型,所以6个常用元音各代表一种。

第4章　藏语夏河话辅音动态视位研究

辅音是相对于元音而言的，元音是从肺部呼出的气流通过声带到达口腔发出的声音，在口腔内几乎没有阻力和摩擦。而辅音是气流在口腔或咽受到阻碍而形成的音。鲍怀翘、林茂灿（2016）在《实验语音学概要》中认为，有阻碍的音就是辅音。辅音有了阻碍才有声音，那么这个阻碍需要一系列动作才能形成，而非停留不动，它必然要经过准备阶段、放开或松开阶段才能形成声音，也就是我们所说的成阻、持阻和除阻3个过程。因此辅音的形成必然是有动作的支撑才能完成，并且是随着动作的变化而发出的声音，如果孤立地去分析，是不能说清楚辅音全貌的。所以辅音有两大特点：一是有阻碍，二是有动作过程。本章将会对藏语夏河话的辅音进行动态视位实验。在辅音的实验中，重点讨论塞音和塞擦音在成阻、持阻和除阻时视位变化特征。

4.1　辅音的发音特征

辅音实验主要记录唇形视位的动态发音过程。从前人研究成果来看，普遍认为辅音没有特定的唇形视位，其发音动作受协同发音的影响较大。如双唇辅音/b/在/a/与/o/之前的唇形变化：/ba/音受元音/a/的影响嘴唇呈展唇状，而/bo/音受元音/o/的影响嘴唇呈圆唇状。可见同一个辅音的发音动作在动态视位研究中无法将其归类。绝大多数研究者还是利用传统方法，将韵母按首元音分为开口呼、齐口呼、合口呼和撮口呼，其归类的本质是唇形的相似度。所以受“四呼”的影响，将辅音也分为四类去研究。在辅音的研究中，辅音都集中表现在成阻、持阻和除阻三个阶段中。对于这三个阶段，罗安源、金雅声（1990）认为是一个音的“发音过程”；罗常培、王均（2002）认为：“一般地讲，塞音在破裂期才听到声音，所以他的成阻跟持阻是作势阶段，除阻是发声阶段”。这里的“发声”就是“除阻”阶段，有研究者把辅音的这种阶段划分称为“plosive theory”（破裂音理论）；国外学者 Arnold（1966）、Gimson 等观点基本上和成阻、持阻、除阻三个阶段的理论一致。

依据国际音标的分类，辅音按不同发音部位可分为：唇音（双唇音、唇齿音）、舌尖音（齿音、舌尖前、舌尖中、舌尖后）、舌叶音、舌面音（舌面前、舌面中、舌面后）、小舌音、喉壁音、声门音。按不同发音方法可分为塞音、塞擦音、鼻音、擦音、颤音、闪音、边音和半圆音。

4.2　藏语夏河话塞音动态视位特征

塞音实验选取了 2# 发音人的视位和音频数据，在自然状态下各部位的视位值为：外唇宽度 5.9 cm、外唇高度 1.89 cm、上唇突度 3.68 cm、下唇突度 3.84 cm、嘴角拉伸度 2.25 cm。

藏语夏河话中共有 6 个塞音：/p/、/t/、/p^h/、/k^h/、/t^h/、/k/。/p/为不送气的清塞音，按发音部位来分是一个双唇音。/p^h/是送气的清塞音，按发音部位来分是一个双唇音。/t/是不送气的清辅音，按发音部位来分是一个舌尖音。/t^h/是送气的清辅音，按发音部位来分是一个舌尖音。/k/是不送气的清辅音，按发音部位来分是一个舌面音。/k^h/是送气的清辅音，按发音部位来分是一个舌面音。从塞音中挑选了/p^h/、/t/、/k/进行塞音实验，在实验中后接元音/a/，形成了 CV 结构的协同发音。

表 4.1 是塞音实验发音词表，本实验选取的均是双音节词汇，而且 3 个音按发音的不同部位来选取。双唇音/ph/与后接元音/a/相拼是/pha/，所对应的藏文是“ཕ”（父亲）；舌尖音/t/与后接元音/a/相拼是/ta/，所对应的藏文是“ད”（现在）；舌面音/k/与后接元音/a/相拼是/ka/，所对应的藏文是“ཀ་བ”（柱子）。为了便于动态视位数据比较分析，

对各数据进行标准化处理，3 个音的时长都控制在 1.52 s(38 帧)。

表 4.1 藏语夏河话塞音词

序号	1	2	3
塞音	p^h	t	k
发音部位	双唇	舌尖	舌根
藏文	ཕ	ཏ	ཀ་བ
国际音标	p^ha	ta	ka
汉语意思	父亲	现在	柱子
语音结构	CV	CV	CV
时长(s)	1.52	1.52	1.52
帧数	38	38	38
送气/不送气	送气	不送气	不送气
清/浊	清	清	清

4.2.1 塞音/p^h/动态视位特征

1. 发音方法

/p^h/是双唇送气清塞音。成阻段双唇紧闭，阻碍气流，持阻段双唇突然分开，除阻段气流冲出口腔，爆破成音；发音时声带不振动；嘴唇自然张开，唇开口度适中。图 4.1 为塞音/p^h/的目标视位，左图和中图分别记录了目标位置嘴唇的正面和侧面状态，右图记录了舌头的位置。

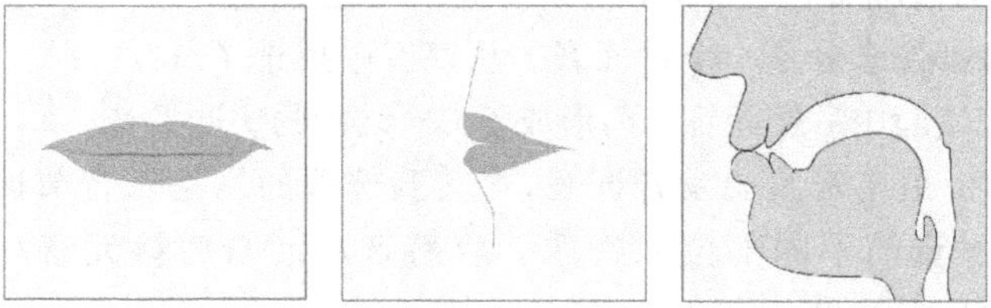

左图　中图　右图

图 4.1 塞音/p^h/目标位置唇形和舌位示意图

2. 声学分析

图 4.2 是藏文"ཕ"的声波图、语谱图以及目标位置唇形视位图。在发/p^ha/音时，由双唇塞音/p^h/和元音/a/组成双音位 CV 结构。音频长度 1 520 ms，对应的视位序列共 38 帧。声波图中显示的频率在 892～1 753 Hz 之间。在语谱图中可以看到，在 16 帧前是辅音的成阻段，没有看到明显的乱纹。而在 16 帧附近有比较明显的变化，时长较短，这是/p^h/音的冲直条。同时从冲直条上的乱纹来看，可以判断是典型送气塞音的特征。18 帧后是元音/a/的音频信号，从共振峰值的数据分布来看，F1 为 730 Hz、F2 为 1 150 Hz、F3 为 2 380 Hz。1＃发音人 F1 为 880 Hz、F2 为 1 370 Hz、F3 为 3 000 Hz。在塞音实验中用 2＃发音人的语音信号，虽然男女生的语音信号在共振峰值上有一定的差别，但 F1、F2、F3 的分布基本一致。在/p^h/音的声学分析中，选取了 8 张发音人的目标视位图进行对比分析，分别是 3、8、14、16、18、20、25 和 33 帧。从静态视位图来看，前 3 帧唇形处于准备阶段无变化，4～15 帧是辅音的成阻段，从目标视位的变化来看，双唇紧闭，而且紧闭状态持续时间较长。从 16 帧的冲直条来看是持阻段，持阻段双唇快速张开，气流从口中呼出，从 16～18 帧可以观察到唇形的变化大。除阻后唇开度较大，在 20 帧附近到达峰值，之后是元音/a/的目标视位图，从总体看，和元音实验中的目标视位基本相似，所以此部分在本实验中不再赘述。

3. 动态视位分析

图 4.3 是藏文"ཕ"的声波图及外唇宽度、外唇高度、上下唇突度和嘴角拉伸度的曲线图，视位变化幅度值单位为厘米。声波图横向是音长，为 1.52 s，所对应的视位指标为 38 帧。把整个发音动作分解为 7 部分，其中 1 段和 7 段为准备段，2、3、4、5、6 段为发音动作段，其中 2、3、5、6、7 段为无声段，4 为有声段。在塞音实验中，重点对 1、2、3、4 段进行分析和讨论，5、6 段只作为参考。

(1)1 段和 7 段为准备段，口型无变化。

(2)2 段为无声段，外唇高度和嘴角拉伸度首先开始变化，外唇高

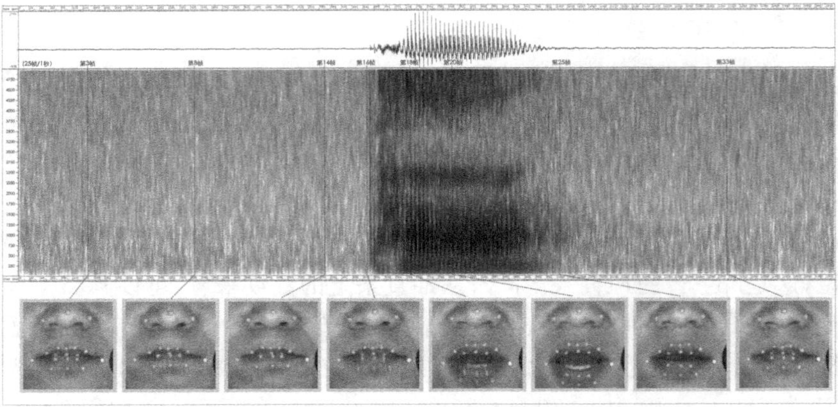

图 4.2　藏文“ཐ”声波图、语谱图、目标位置唇形视位图

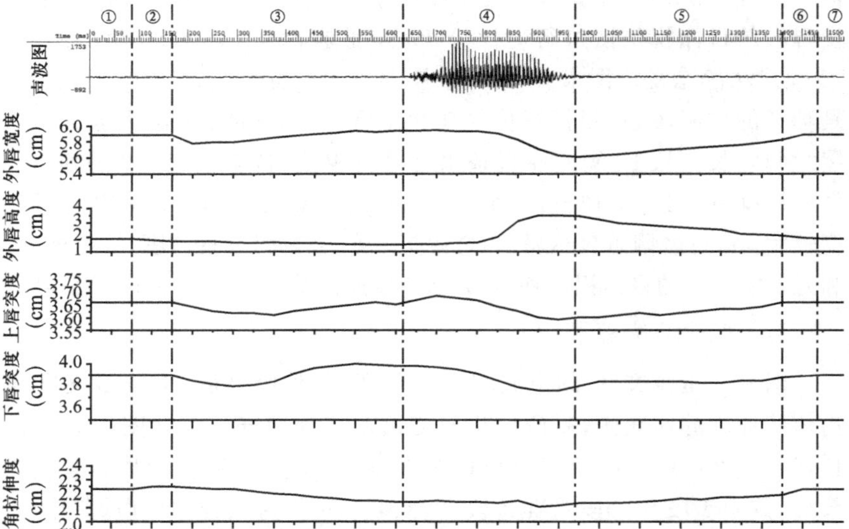

图 4.3　藏文“ཐ”的声波图及唇形参数变化

度在 5 帧附近的值为 1.72 cm,比自然状态值少了 0.17 cm,说明此时双唇开始紧闭。嘴角则有轻微向前移动。其余部位均处在自然状态,数据无变化。

(3)3 段为无声段,所有部位均参与发音动作,此段是发音前各部位的准备段,也是塞音/p^h/的成阻段。此段整体变化较大,而且主要集中在成阻段前期,外唇宽度、上下唇突度从 6 帧开始变化较大;在 8 帧附近,外唇宽度为 5.8 cm,上下唇突度分别为 3.63 cm 和 3.64 cm。从外唇高度的变化来看,数据持续走低,说明双唇闭得更紧。而嘴角拉伸度从 5 帧的 2.27 cm 到 16 帧的 2.14 cm,虽然变化不大,但说明在成阻的过程中嘴角向后移动,但是上下唇突度却在 8 帧后向前突起。在元音的实验中,本文认为嘴角拉伸度和双唇突度成正比关系,但在发双唇音/p^h/时成反比关系,造成这种现象的主要原因是在双唇紧闭时气流在口腔聚集,嘴唇口轮匝肌做出了向外吐气的动作,而嘴角部分则是向后收紧,这样才能紧闭嘴巴聚集气流。

(4)4 段为有声阶段,所有部位参与发音动作,其唇形变化跟语音性质相联系,此段主要是发塞音/p^h/时唇形转变为元音/a/的过程,唇形各部位变化较复杂。外唇宽度在 18 帧时到达峰值,为 5.97 cm,在 25 帧附近收缩至 5.57 cm。外唇高度在 17 帧附近为 1.47 cm,在 25 帧附近达到峰值,为 3.5 cm。从上述指标的数据的变化可以看出,发这两个音时各部位目标视位值差距较大。上下唇突度在成阻结束时处于突起状态,而在除阻后随着外唇高度的变大双唇均收缩。嘴角拉伸度从 22 帧后变化,和上下唇突保持一致。

(5)5 段为无声阶段,所有部位均参与发音动作,此段是发音结束后各部位恢复到自然状态的过程。参与发音的各个部位均复位,5 段和 6 段与第 3 章元音/a/的动态变化基本相似,虽然两位发音人的自然状态值略有差异,但从曲线变化看走势一致。不过可以发现 2# 发音人的语速较快,在朗读词表时,用时比 1# 发音人要短。从有声段和发音动作段的比较来看,有声段占到了发音动作段的 1/3 多一点。

4.2.2 塞音/t/动态视位特征

1. 发音方法

/t/是舌尖不送气的清塞音。成阻段舌尖抵住上齿龈，挡住气流。持阻段舌尖快速离开，舌尖中部离开硬腭。除阻段口腔内气流冲出，爆破成声。发音时声带不振动。发此音时嘴唇放松，自然张开，唇开口度较小。图 4.4 为塞音/t/的目标视位，左图和中图分别记录了目标位置嘴唇的正面和侧面状态，右图记录了舌头的位置。

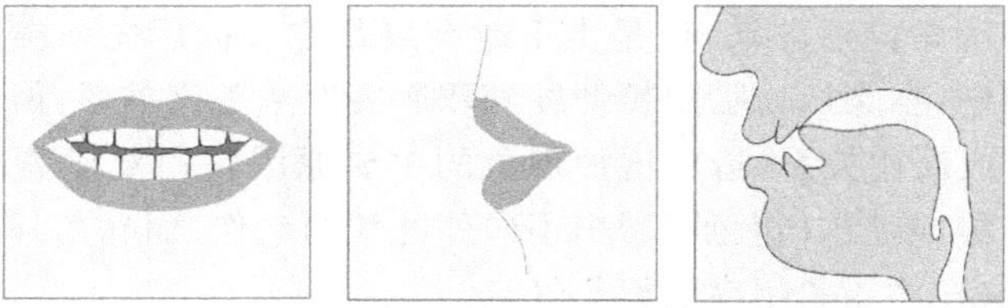

左图　　中图　　右图

图 4.4　塞音/t/目标位置唇形和舌位示意图

2. 声学分析

图 4.5 是藏文"ཏ"的声波图、语谱图以及目标位置唇形视位图。在发/ta/音时，由舌尖塞音/t/和元音/a/组成双音位 CV 结构。音频长度 1 520 ms，对应的视位序列图共 38 帧。声波图中显示的频率在 1 397～2 753 Hz 之间。在语谱图中可以看到，在 16 帧附近前是辅音的成阻段，没有看到明显的乱纹。而在 16～17 帧附近有比较明显的变化，时长较短，这是/t/音的冲直条，冲直条上并没有明显的乱纹，可以判断是不送气塞音的特征。19 帧后是元音/a/的音频信号，从共振峰值的数据分布来看，F1 为 760 Hz、F2 为 1 220 Hz、F3 为 2 400 Hz。共振峰分布与元音实验中/a/的共振峰分布一致。在/t/音的声学分析中，选取了 8 张发音人的目标视位图进行对比分析，分别是 5、9、16、17、19、22、26 和 33 帧。从静态视位图来看，前 5 帧唇形处于准备阶段，无变化，

4～16 帧是辅音的成阻段，从目标视位的变化来看，双唇微开。从 16、17 帧的目标视位图上，能看到舌头抵住上腭，在持阻时舌头突然离开，19 帧的目标视位图能看到此时的舌头已离开上腭，所以口腔内气流冲出为除阻段。从 19 帧到 22 帧唇形的变化来看，已经达到了元音/a/的目标位置。

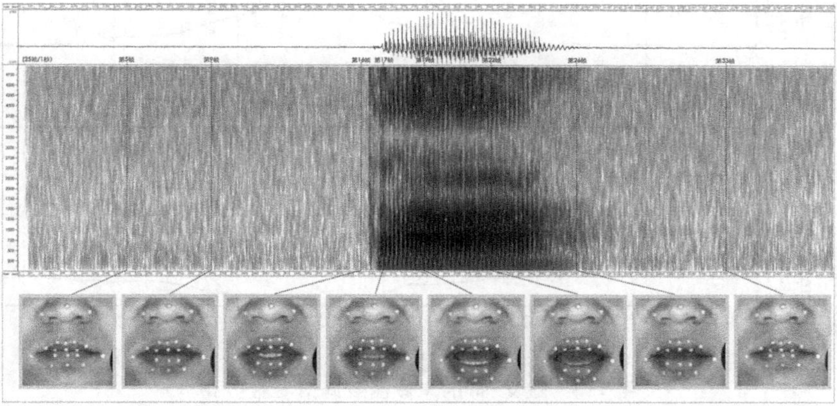

图 4.5　藏文"ཏ"声波图、语谱图及目标位置唇形视位图

3. 动态视位分析

图 4.6 是藏文"ཏ"的声波图及外唇宽度、外唇高度、上下唇突度和嘴角拉伸度的曲线图。

(1)1 段和 7 段为准备段，口型无变化。

(2)2 段为无声段，除外唇高度无变化外，其余指标均开始变化。在发音/t/音时，舌尖需抵住上齿龈，挡住气流，下颌微向后移。所以外唇宽度收窄为 5.85 cm，上下唇突度会出现上突下收的情况，在 6 帧附近，上唇突度为 3.7 cm，高于自然状态值，下唇突度为 3.8 cm，低于自然状态值。而嘴角拉伸度由于舌位向前移动，所以在 6 帧附近向前移动至 2.3 cm。从曲线变化来看，在第 2 段各部位已经做好了成阻动作。

(3)3 段为无声段，所有部位均参与发音动作，此段是发音前各部

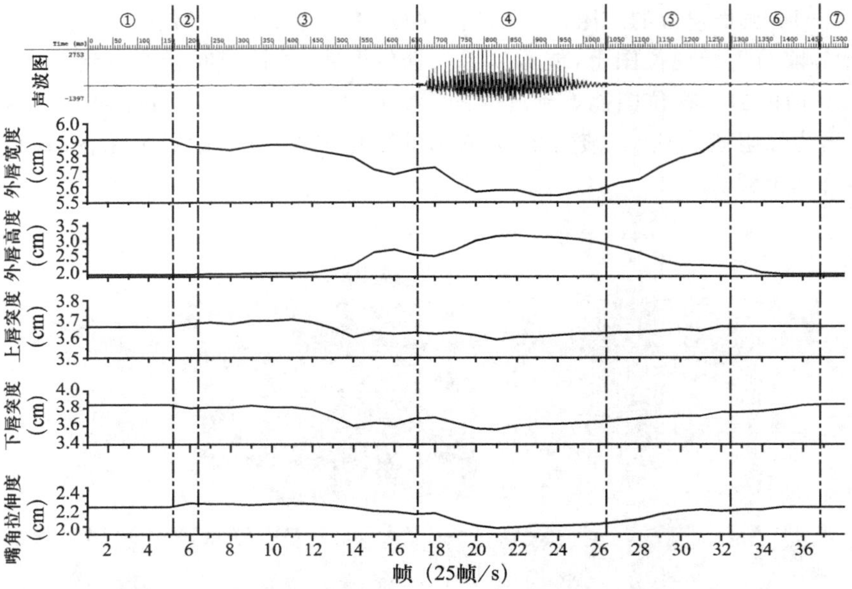

图 4.6　藏文“ཏ”的声波图及唇形参数变化

位的准备段，也是塞音/t/的成阻段，由于在 2 段各部位已经做好了成阻动作，所以此段的变化主要集中在成阻段后期。从曲线图上看，在 6～12 帧之间，各部位动作在较小的变化范围内均保持一段时间。在 10 帧附近的值分别为：外唇宽度为 5.87 cm，外唇高度为 1.9 cm，上下唇突度分别为 3.72 cm 和 3.81 cm，嘴角拉伸度为 2.29 cm。13～17 帧口腔气流聚集完成，各部位参数变化较大，外唇宽度收窄，外唇高度变大，舌头做好了离开上软腭的准备。

(4)4 段为有声阶段，所有部位均参与发音动作，其唇形变化跟语音性质相联系，此段主要是发塞音/t/时唇形转变为元音/a/的过程，唇形各部位变化较复杂。在 17 帧附近舌尖快速离开硬腭，在语谱图上能看到有较前的气流。除阻后口腔内气流冲出，爆破成声，此时嘴唇放松，自然张开。18 帧附近外唇宽度为 5.74 cm，外唇高度为 2.64 cm，内外唇突度分别为 3.63 cm 和 3.64 cm，嘴角拉伸度为 2.17 cm。除阻后在 21 帧附近各部位均到达元音/a/的静态目标视位值，外唇宽度为 5.61 cm，外唇高度为 3.44 cm，上下唇突度分别为 3.59 cm 和 3.56 cm，嘴角拉伸度为 1.98 cm。结合在发/p^h/音时/a/的目标视位值进行讨论。在发/p^h/音时/a/的静态目标视位值在 24 帧附近出现，外唇宽度为 5.6 cm，外唇高度为 3.61 cm，上下唇突度分别为 3.6 cm 和 3.7 cm，嘴角拉伸度为 2.11 cm。两个音的变化值区别不大，元音/a/受塞音双唇音/p^h/和舌尖音/t/的影响相似。

(5)5 段为无声阶段，所有部位参与发音动作，此段是发音结束后各部位恢复自然状态的过程。参与发音的各个部位均复位，5 段和 6 段与第 3 章元音/a/的动态变化基本相似。从有声段和发音动作段的比较来看，有声段占到了发音动作段的 1/3 多一点。

4.2.3　塞音/k/视位特征

1. 发音方法

/k/是舌根不送气的清塞音。成阻段软腭上升，舌根隆起紧贴软腭，气流因通道被封闭而积聚。持阻段舌根下降，脱离软腭。除阻段气流迸发而出，气流较强，爆破成声。发音时声带不振动。发音时嘴唇自然张开，唇开口度小。图 4.7 为塞音/k/的目标视位，左图和中图分别记录了目标位置嘴唇的正面和侧面状态，右图记录了舌头的位置。

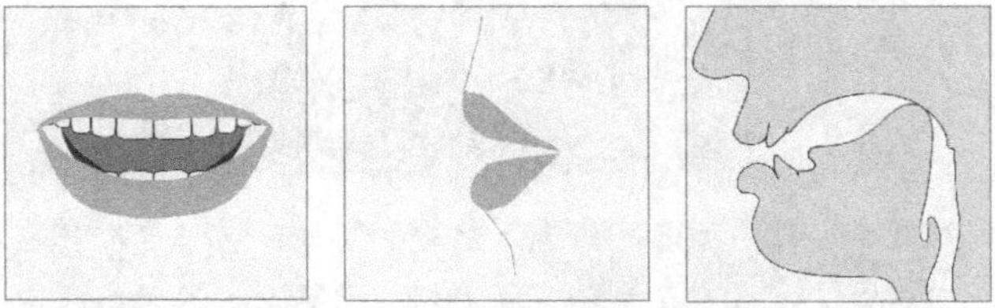

图 4.7　塞音/k/目标位置唇形和舌位示意图

2. 声学分析

图 4.8 是藏文"ཀ་བ"的声波图、语谱图以及目标位置唇形视位图。在发/ka/音时，由舌尖塞音/k/和元音/a/组成双音位 CV 结构。音频长度 1 520 ms，对应的视位序列图共 38 帧。声波图中显示的频率在 1 353～2 755 Hz 之间。在语谱图中可以看到，在 16 帧附近前是辅音的成阻段，没有看到明显的乱纹。而在 16 帧后面有比较明显的变化，时长短能量大，这是/k/音的冲直条，冲直条上并没有明显的乱纹，可以判断是不送气塞音的特征。除阻后是元音/a/的音频信号，从共振峰值的数据分布来看，F1 为 720 Hz、F2 为 1 200 Hz、F3 为 2 350 Hz。和前两个塞音基本一致。在/k/音的声学分析中，选取了 8 张发音人的目标视位图进行对比分析，分别是 3、11、16、17、19、22、27 和 35 帧。从静态视位图来看，前 3 帧唇形处于准备阶段，无变化，4～16 帧是辅音的成阻段，从目标视位的变化来看，在成阻段双唇微开。从 16、17 帧的目标视位图上，能看到舌头的变化。此时舌根突然离开软腭，气流迸发而出，而且气流较强。19 帧附近唇开口度较大，此时应该接近元音/a/的目标位置。

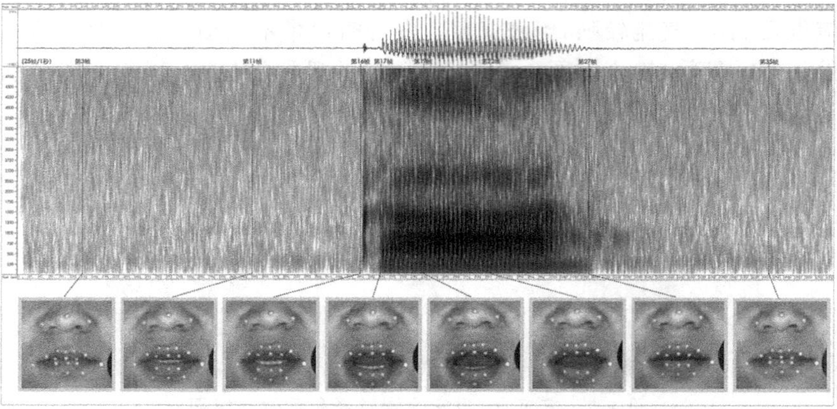

图 4.8　藏文"ཀ་བ"声波图、语谱图、目标位置唇形视位图

3. 视位分析

图4.9是藏文“ཏབ”的声波图及外唇宽度、外唇高度、上下唇突度和嘴角拉伸度的曲线图。

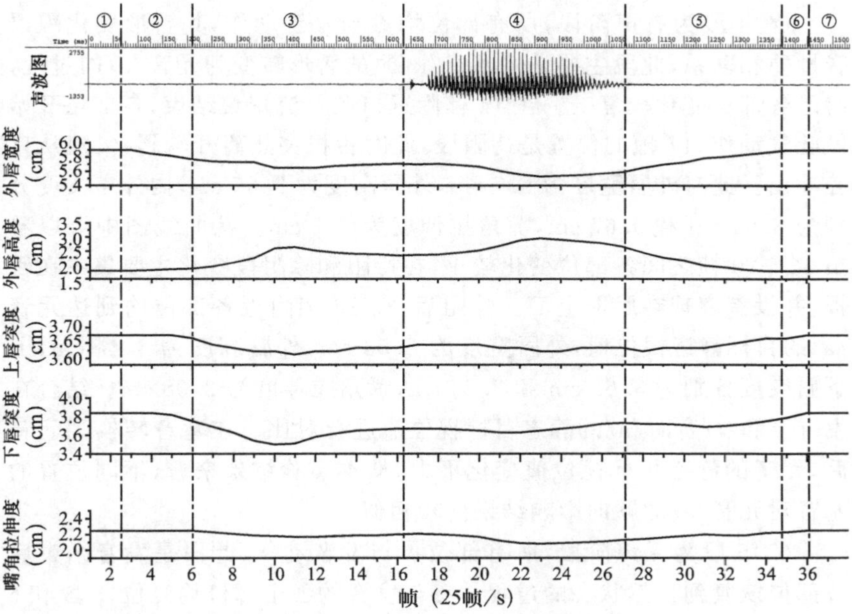

图4.9　藏文“ཏབ”的声波图及唇形参数变化

(1)1段和7段为准备段,口型无变化。

(2)2段为无声段,外唇高度和外唇宽度首先开始变化,其余指标还处在自然状态,数据变化为零。

(3)3段为无声段,所有部位均参与发音动作,此段是发音前各部位的准备段,也是塞音/t/的成阻段。外唇宽度开始收窄,在10帧附近收窄至5.65 cm,之后此位置保持了较长的时间,直到除阻结束。外唇高度从3～10帧变化较大,在11帧附近到达3.01 cm,此时的唇开口度是成阻段最大目标位置。上下唇突度变化比较相似,从5帧附近开始有较大的变化，在 11 帧附近均到最低值，分别为 3.62 cm 和 3.5 cm，此时由于舌根和软腭紧贴，舌头向后移动，出现双唇收缩现象。而嘴角拉伸度在成阻段变化较小。从整体来看，成阻段的变化主要集中在中前段，等舌根到达目标位置后，各部位变化相对较平稳。

(4)4 段为有声阶段，所有部位均参与发音动作，其唇形变化跟语音性质相联系，此段主要是发塞音/k/时的唇形转变为元音/a/的过程，唇形各部位变化较复杂。在 14 帧附近口腔气流聚集结束，各部位开始做吐气动作，17 帧的位置是持阻段，此时舌根突然离开软腭，气流从口腔冲出。此时外唇宽度为 5.7 cm，外唇高度为 2.65 cm，内外唇突度分别为 3.64 cm 和 3.67 cm，嘴角拉伸度为 2.2 cm。从曲线图中可以看出 12～20 帧之间各部位变化较小，在持阻和除阻段变化主要集中在舌根，并没有表现在唇形上面。除阻后，在 23 帧附近各部位均到达元音/a/的目标静态视位值，外唇宽度为 5.53 cm，外唇高度为 3.44 cm，上下唇突度分别为 3.63 cm 和 3.65 cm，嘴角拉伸度为 2.08 cm。结合在发/p^h/和/t/音时/a/的静态目标视位值进行对比。在塞音转换到元音后，元音的静态目标视位值变化不大，从本实验结果来看，不同位置的塞音对元音/a/的顺向影响结果比较相似。

(5)5 段为无声阶段，所有部位参与发音动作，此段是发音结束后各部位恢复到自然状态的过程。参与发音的各个部位均复位，5 段和 6 段与第 3 章元音/a/的动态变化基本相似。从有声段和发音动作段的比较来看，有声段占到了发音动作段的 1/3。

4.2.4 塞音动态视位比较

依据塞音的动态视位分析和讨论，本实验对双唇音/p^h/、舌尖音/t/和舌面音/k/进行各部位的比较。在塞音动态视位的比较中，把 3 个音的同一个部位进行比较，而且以塞音的冲直条为中心，这样便于观察成阻段、冲直条时长和除阻段的变化情况。在塞音声学比较中，对 2 ＃发音人发元音/a/的共振峰值和塞音后接元音/a/的共振峰值进行对比分析。

1. 外唇宽度比较

外唇宽度在动态视位研究中，对区分圆展唇元音具有非常重要的意义，比如在发圆唇元音/o/和/a/时，外唇宽度就会变窄，在发展唇元音/i/时，唇宽度会变宽。在发舌尖音/t/时会变窄，而在塞音中发双唇音/p^h/时会变宽。外唇宽度在一定程度上和唇高度成反比。图 4.10 是藏语夏河话塞音/p^h/、/t/和/k/与元音/a/相拼时的外唇宽度曲线图。通过数据处理把 3 个塞音的冲直条对齐在 17 帧位置。发现 3 个塞音的外唇宽度在成阻段变化分布不同，双唇音/p^h/变化最大，舌尖音/t/和舌面音/k/双唇均小于自然状态值。

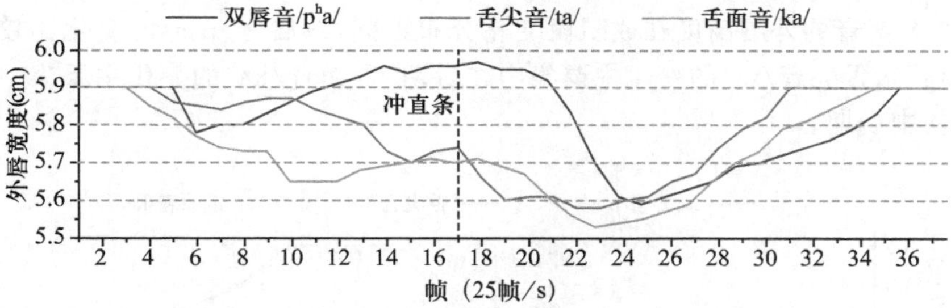

图 4.10　塞音外唇宽度对比

双唇音/p^h/在第 5 帧开始双唇宽度收窄，在 6 帧附近的值为 5.78 cm，之后随着双唇的紧闭后口腔气流的聚集，在持阻段到达峰值，为 5.97 cm。在发元音/a/时 26 帧附近是最小值，为 5.57 cm。舌尖音/t/在成阻段外唇宽度低于自然状态值，在第 6 帧时为 5.86 cm，外唇宽度收窄后在目标值保持了一段时间后，在成阻后期变化较大，在持阻时为 5.73 cm。在发元音/a/时 23 帧附近是最小值，为 5.58 cm。舌面音/k/在成阻段外唇宽度低于自然状态值，双唇收窄程度比/t/音要更小。在成阻段 12 帧附近双唇收窄至 5.65 cm，在持阻时为 5.71 cm。在发元音/a/时 23 帧附近是最小值，为 5.53 cm。从塞音的外唇宽度比较来看，塞音在成阻段变化分布不同。本实验证明，在发双唇音/p^h/时唇宽度大于自然状态，舌尖音/t/和舌面音/k/双唇收窄。除阻后，唇宽度均在 7 帧附近到达最小值。从塞音对元音/a/外唇宽度的顺向影响来看，3 个音的影响程度保持一致。

2. 外唇高度比较

外唇高度在动态视位研究中具有重要意义，外唇高度的大小决定了唇开口度的大小。比如在发圆唇元音时开口度小，而在发展唇元音时开口度大。在发塞音双唇音/p^h/时，双唇紧闭，此时的外唇高度就低于自然状态，在发塞音舌尖音/t/时嘴唇微开，而且能保持较长的时间。图 4.11 是藏语夏河话塞音/p^h/、/t/和/k/与元音/a/相拼时的外唇高度曲线图。通过数据处理把 3 个塞音的冲直条对齐在 17 帧位置，发现 3 个塞音的外唇高度在成阻段变化分布不同，双唇音/p^ha/的变化比较均匀，舌尖音/ta/的变化主要集中在后期，舌面音/ka/的变化主要集中在中后期。

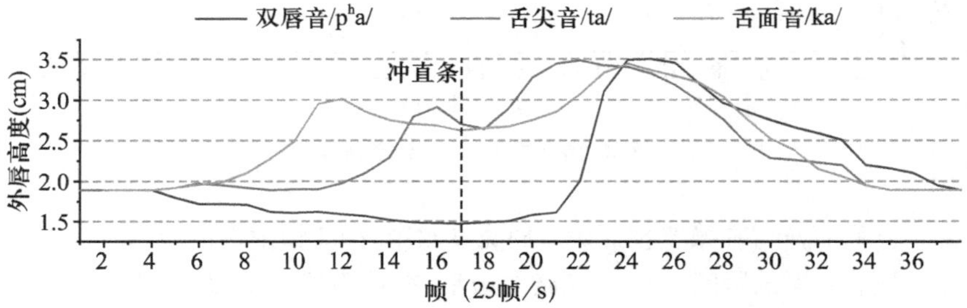

图 4.11　塞音外唇高度对比

双唇音/p^h/在第 4 帧开始双唇紧闭，所以 3～20 帧均低于自然状态值，在 17 帧附近到达最低值，为 1.47 cm。20～23 帧从紧闭的双唇突然到/a/的目标位置，变化大速度快。在发元音/a/时 24 帧附近是最大值，为 3.61 cm。舌尖音/ta/在成阻段变化主要集中在中后段，在 14～22 帧变化较多，在 16 帧时外唇高度是 2.91 cm，在冲直条附近外唇高度为 2.7 cm。在 18 帧为 2.64 cm。在发元音/a/时 22 帧附近是最小值，为

3.48 cm。舌面音/k/在成阻段变化主要集中在中前段，在 11 帧附近外唇高度为 3.01 cm，此处舌根已紧贴软腭，在口腔开始聚集气流。在 11 帧之后变化不大，在发元音/a/时 22 帧附近是最小值，为 3.44 cm。从塞音的外唇高度比较来看，塞音在成阻段变化分布不同。本实验认为，双唇音/p^h/在成阻前期和持阻结束后变化较大，舌尖音/t/成阻后期变化大，舌面音/k/在成阻中后部变化大。从塞音对元音/a/外唇高度的顺向影响来看，3 个音的影响程度保持一致。

3. 上唇突度比较

上下唇突度在动态视位研究中，对区分圆展唇元音具有重要意义，而且本文认为上唇突度和头部是一个刚体，上唇突度不会出现位移现象，而且采集的数据准确率较高。比如在发圆唇元音时，上下唇突度能很好地区分圆唇与非圆唇元音。发双唇音/p^h/时双唇收紧，此时上唇突度小，而随着双唇张开爆破成音时，上唇突起。在发塞音舌面音/k/时，舌头和下颌向后移动，带动口轮匝肌紧绷，此时的上唇突度会缩小。图 4.12 是藏语夏河话塞音/p^h/、/t/和/k/与元音/a/相拼时的上唇突度曲线图。通过数据处理把 3 个塞音的冲直条对齐在 17 帧位置。发现 3 个塞音的上唇突度在成阻段变化分布不同，双唇音/p^ha/的变化比较均匀，舌尖音/ta/的变化主要集中在后期，舌面音/ka/的变化主要集中在中后部。

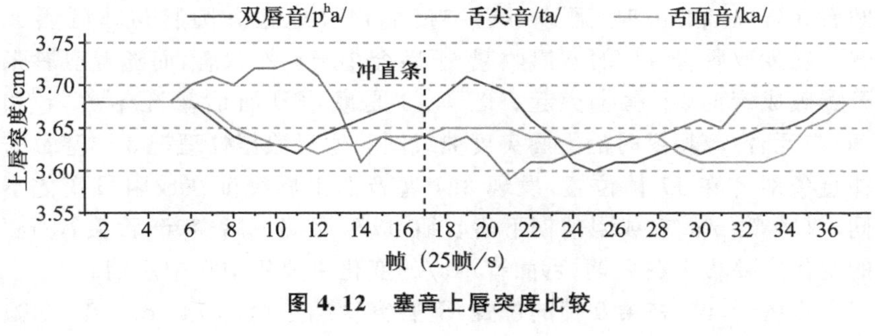

图 4.12　塞音上唇突度比较

双唇音/p^h/从第 6 帧开始，上唇突度缩小，在 11 帧附近为 3.62 cm，之后随着口腔气流的聚集，上唇突度开始变大，在持阻时为 3.66 cm。在发元音/a/时 25 帧附近是最小值，为 3.61 cm。舌尖音/t/在成阻段上唇突度变化较大，在第 11 帧附近达到峰值，为 3.73 cm，在 14 帧附近为 3.61 cm，一直保持到除阻结束。在发元音/a/时 21 帧附近到达最小值，为 3.56 cm。舌面音/k/在成阻段上唇突度低于自然状态值，变化比其他两个音要小。在成阻段 10～17 帧一直保持在 3.64 cm 附近，变化较小。在发元音/a/时 24 帧附近是最小值，为 3.63 cm。从塞音的上唇突度比较来看，变化较大，而且在成阻段各不相同。本实验证明，双唇音/p^h/在成阻段上唇收缩，除阻后会有短暂的突起状态。舌尖音/t/在成阻时，由于舌尖抵住硬腭，上唇会出现短暂的唇突状态。而在除阻时气流从口腔呼出，上唇会收缩至自然状态内。舌面音/k/在成阻段上唇突度收缩，一直保持到发音结束，而且变化较小。从塞音对元音/a/上唇突度的顺向影响来看，舌面音/k/对元音/a/有一定的影响，其余保持一致。

4. 下唇突度比较

上下唇突度在动态视位研究中，发现下唇突度比上唇变化要多，下颌在运动的过程中会带动下唇，而且随着下颌的旋转和位移，所以下唇突度数据采集有一定难度，在本文的第 3 章已对下唇突度数据采集做了详细的介绍。下唇突度对区分圆展唇元音具有重要意义。比如在发圆唇元音/o/和/u/时，通过下唇突度能很好地区分圆唇与非圆唇元音。在发双唇音/p^h/时双唇收紧，下唇会小于自然状态，而随着双唇张开爆破成音时，下唇会突起。图 4.13 是藏语夏河话塞音/p^h/、/t/和/k/与元音/a/相拼时的上唇突度曲线图。通过数据处理把 3 个塞音的冲直条对齐在 17 帧位置，发现 3 个塞音的上唇突度在成阻段变化不同，双唇音/p^ha/在成阻前期下唇收缩，成阻后期下唇突起，舌尖音/ta/的变化主要集中在后期，舌面音/ka/的变化主要集中在中后期。

双唇音/p^h/在第 9 帧的位置，下唇突度缩小至 3.74 cm。在 15 帧附近达到峰值，为 3.94 cm，此段的变化主要和口腔聚集气流有关。在

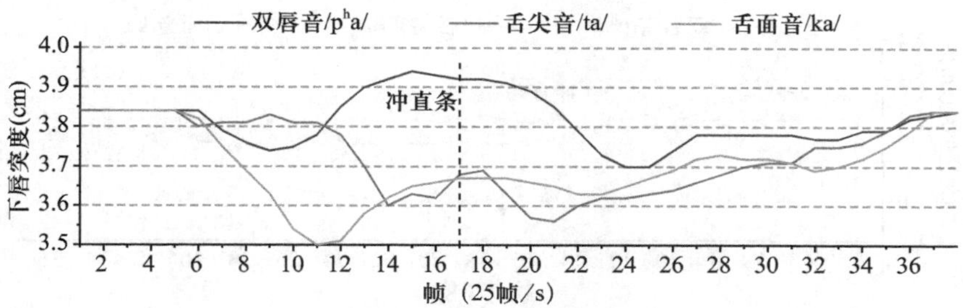

图 4.13　塞音下唇突度比较

发元音/a/时 24 帧附近是最小值，为 3.69 cm。舌尖音/t/在成阻段上唇突度变化主要集中 11～14 帧，在第 11 帧附近为 3.81 cm，而在 14 帧附近为 3.6 cm，此部位的变化和上唇比较相似，在持阻段的值为 3.63 cm。在发元音/a/时，23 帧附近达到最小值，为 3.6 cm。舌面音/k/在成阻段下唇突度在 11 帧附近为 3.5 cm，变化幅度较大。在持阻段的值为 3.67 cm。在发元音/a/时，在 22 帧附近达到最小值，为 3.63 cm。从塞音下唇突度比较来看，变化较大，而且在成阻段各不相同。双唇音/pʰ/在成阻段前期上唇有短暂收缩，在持阻段附近到峰值。舌尖音/t/在成阻段，变化和上唇较相似。舌面音/k/在成阻段中间收缩比较大，之后变化较小。从塞音对元音/a/下唇突度的顺向影响来看，3 个音的影响程度保持一致。

5. 嘴角拉伸度比较

在元音的实验中，本研究认为，嘴角拉伸度在发音过程中的变化与上下唇突成正比。但在塞音的实验中发现，这种关联不是很大，比如在发双唇音/pʰ/时，上下唇在持阻时突起，但嘴角并没有向前移动。图 4.14 是藏语夏河话塞音/pʰ/、/t/和/k/与元音/a/相拼时的上唇突度曲线。通过数据处理把 3 个塞音的冲直条对齐在 17 帧位置。发现发/pʰ/音和发/k/音的嘴角拉伸度基本相似，而/t/音稍有不同。/t/音在成阻段嘴角微微向前移动，高于自然状态，持阻结束后向后移动较多。而/pʰ/音和/k/音的变化不大。

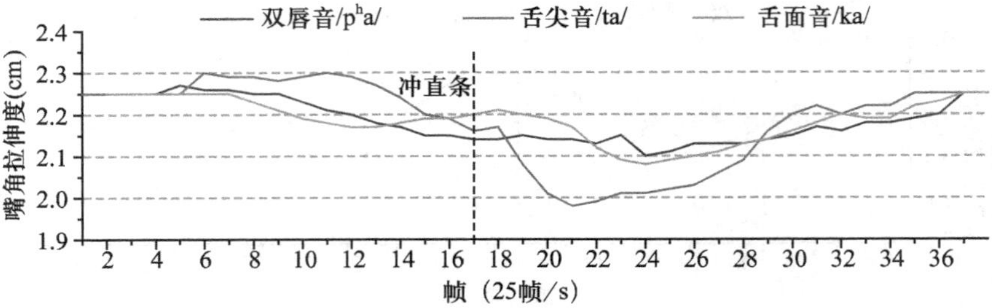

图 4.14 塞音嘴角拉伸度比较

双唇音/p^h/在第 6 帧的位置，向前移动至 2.27 cm，在持阻段的值为 2.14 cm。在发元音/a/时 24 帧附近是最小值，为 2.1 cm。舌尖音/t/在成阻段嘴角拉伸度中前期大于自然状态值，在第 11 帧附近为 2.3 cm，在持阻段的值为 2.16 cm，小于自然状态值。在发元音/a/时，21 帧附近到达最小值，为 1.98 cm。舌面音/k/在成阻段嘴角拉伸度在 12 帧附近，为 2.08 cm；在持阻段的值为 2.21 cm，从数据来看，变化不大。在发元音/a/时，24 帧附近到最小值，为 2.08 cm。从塞音嘴角拉伸度比较来看，在成阻段各音变化不大。双唇音/p^h/和舌面音/k/变化基本一致，舌尖音/t/和其他两个音稍有区别，但总体变化不大。除阻后/ta/的变化相对较大，其余两个音保持一致。从塞音对元音/a/嘴角拉伸度的顺向影响来看，/p^h/音和/k/音保持一致，/t/音有一定的影响。

6. 声学比较

表 4.2 是元音/a/和塞音后接元音/a/的共振峰比较，本实验试图通过 F1、F2 和 F3 数据的比较，分析塞音后接元音的共振峰值是否受到协同发音的影响，这可以判断舌位在协同发音过程中的影响。元音/a/的 F1 为 720 Hz，F2 为 1 200 Hz，F3 为 2 460 Hz。双唇音/p^ha/的后接元音 F1 为 730 Hz，F2 为 1 150 Hz，F3 为 2 380 Hz。舌尖音/ta/的后接元音 F1 为 760 Hz，F2 为 1 220 Hz，F3 为 2 400 Hz。舌面音/ka/的后接元音 F1 为 720 Hz，F2 为 1 200 Hz，F3 为 2 350 Hz。从共振峰数据比较来看，塞音对后接元音/a/的 F1～F3 影响不大。

表 4.2　元音/a/和塞音后接元音/a/的共振峰比较

语音系	国际音标	音位结构	舌位	唇形状态	F1(Hz)	F2(Hz)	F3(Hz)
元音	a	—	居中/较低	全开	720	1 200	2 460
塞音	p^h	p^ha	居中/较低	紧闭	730	1 150	2 380
	t	ta	舌尖/适中	微开	760	1 220	2 400
	k	ka	舌根/较高	半开	720	1 200	2 350

4.3　藏语夏河话塞擦音动态视位特征

塞擦音实验选取 2# 发音人的动态视位和音视频数据，在自然状态下各部位的视位值为：外唇宽度 5.9 cm、外唇高度 1.89 cm、上唇突度 3.68 cm，下唇突度 3.84 cm、嘴角拉伸度 2.25 cm。

藏语夏河话中共有 6 个塞擦音：/ʦ/、/ʨ/、/tʂ/、/$ʦ^h$/、/$ʨ^h$/、/$tʂ^h$/。/ʦ/为不送气的清辅音，按发音部位来分是一个舌尖音。/ʨ/为不送气的清辅音，按发音部位来分是一个舌面前音。/tʂ/是不送气的清辅音，按发音部位来分是一个舌尖前音。/$ʦ^h$/是送气的清辅音，按发音部位来分是一个舌尖音。/$ʨ^h$/是送气的清辅音，按发音部位来分是一个舌面前音。/$tʂ^h$/是送气的清辅音，按发音部位来分是一个舌面音。从塞擦音中挑选了/$ʦ^h$/、/tʂ/、/ʨ/进行塞擦音实验，在实验中后接元音/a/，形成双音位结构的音节。

表 4.3 是塞擦音实验发音词，本实验选取的均是双音节词汇，而且 3 个音是按发音的不同部位来选取。舌尖前音/$ʦ^h$/与后接元音/a/相拼是/$ʦ^h$a/，所对应的藏文是“ཚ”（刺痛）；舌尖后音/tʂ/与后接元音/a/相拼是/tʂa/，所对应的藏文是“ད”（网）；舌面前音/ʨ/与后接元音/a/相拼是/ʨa/，所对应的藏文是“ཇ”（茶叶），为了便于动态视位数据比较分析，对各数据进行了标准化处理，3 个音的时长都控制在 1.52 s（38 帧）。

表 4.3 藏语夏河话塞擦音词

序号	1	2	3
塞擦音	$ʦ^h$	ʨ	tʂ
藏文	ཚ	ཏ	ཛ
音标	$ʦ^h$a	tʂa	ʨa
汉语释义	刺痛	网	茶叶
语音结构	CV	CV	CV
时长(s)	1.52	1.52	1.52
帧数	38	38	38
舌位	舌尖前	舌尖后	舌面前
送气/不送气	送气	不送气	不送气

4.3.1 塞擦音/$ʦ^h$/视位特征

1. 发音方法

/$ʦ^h$/是舌尖前的不送气清塞擦音。成阻段舌尖抵住上齿背，挡住气流。持阻段舌尖快速后缩，舌尖离开上齿背。除阻后留一条缝隙，气流急速冲破阻碍，通过上齿背和舌尖缝隙发生短暂摩擦。发音时声带不振动。发音时嘴唇微开。图 4.15 为塞擦音/$ʦ^h$/的目标视位，左图和中图分别记录了目标位置嘴唇的正面和侧面状态，右图记录了舌头的位置。

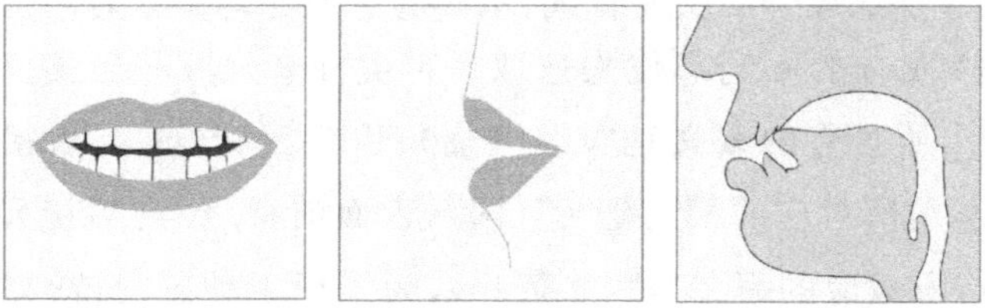

左图　　中图　　右图

图 4.15 塞擦音/$ʦ^h$/目标位置唇形和舌位示意图

2. 声学分析

图 4.16 是藏文“ཚ”的声波图、语谱图以及目标位置唇形视位图。在发/ʦʰa/音时，由舌尖前塞擦音/ʦʰ/和元音/a/组成双音位 CV 结构音节。音频长度 1 540 ms，对应的视位序列图共 38 帧。声波图中显示的频率在 2 417～3 362 Hz 之间。在语谱图中可以看到，在 13 帧开始出现了较明显的乱纹，乱纹表现均匀，这是典型的送气清塞擦音特征，持续时长为 100 ms。从共振峰值的数据分布来看，F1 为 730 Hz、F2 为 1 150 Hz、F3 为 2 510 Hz。共振峰分布与元音实验中/a/的共振峰分布一致。在/ʦʰa/音的声学分析中，选取了 8 张发音人的目标视位图进行对比分析，分别是 5、11、13、15、17、19、24 和 36 帧。从静态视位图来看，前 5 帧唇形处于准备阶段无变化，6～13 帧是塞擦音/ʦʰ/的成阻段，从目标视位的变化来看，双唇微开，呈椭圆形。除阻后舌尖离开上齿背，从 15～17 帧的变化可以看出舌位变化。从 19 帧的目标视位图可以看出，此时的唇开口度最大，可以推测此时已经达到了元音/a/的目标位置。

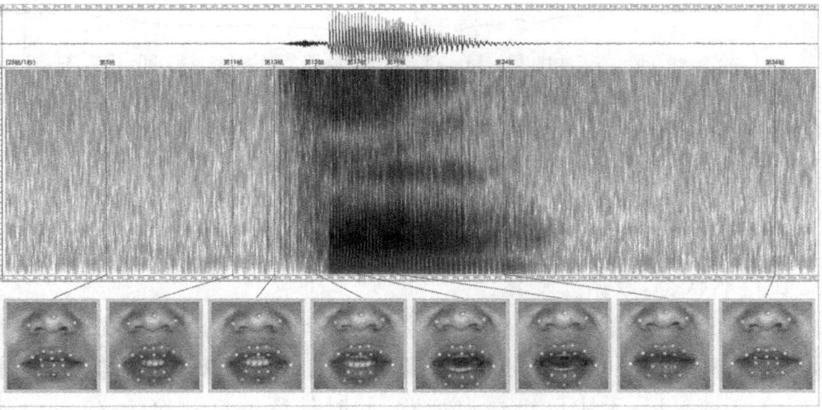

图 4.16　藏文“ཚ”声波图、语谱图、目标位置唇形视位图

3. 视位分析

图 4.17 是藏文“ཚ”的声波图及外唇宽度、外唇高度、上下唇突度和嘴角拉伸度的曲线图。

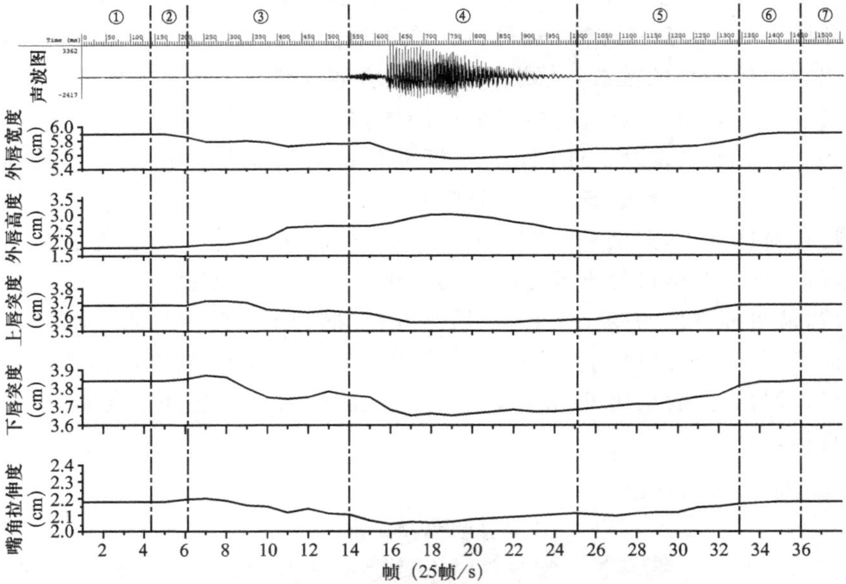

图 4.17 藏文“ཚ”的声波图及唇形参数变化

(1)1 段和 7 段为准备段，口型无变化。

(2)2 段为无声段，此段除外唇高度有较小的变化外，其余指标均处在自然状态，数据无变化。

(3)3 段为无声段，所有部位均参与发音动作，此段是发音前各部位的准备段，也是塞擦音/$ʦ^{h}$/的成阻段。从曲线图上看，各部位变化较大，在 7 帧附近，舌尖已抵住上齿背，此时外唇宽度收窄 5.79 cm。外唇高度为 2.04 cm，而上下唇突度均处于突起状态。其原因是舌头抵住上齿，造成双唇短时的突起，在第 7 帧时分别为 3.71 cm 和 3.87 cm，嘴角拉伸度也向前移动至 2.28 cm。在成阻的后期，11～14 帧之间，外唇宽度和外唇高度均保持在目标值附近，变化较小。嘴角拉伸度随着口腔气流的聚集向后移动。从语谱图上看，14 帧前后已经是/ʦʰ/的乱纹段，但从声波图上看，变化不是很明显。

(4)4 段为有声阶段，所有部位均参与发音动作，其唇形变化跟语音性质相联系，是除阻后、接元音的过程，唇形各部位变化较复杂。在除阻前后，外唇宽度和外唇高度变化较小。而上下唇突度和嘴角拉伸值均向后收缩。在 15 帧时外唇宽度为 5.77 cm，外唇高度为 2.97 cm，上下唇突度分别为 3.62 cm 和 3.76 cm，嘴角拉伸度为 2.09 cm。在 19 帧附近本研究认为是元音/a/的目标视位值，外唇宽度收窄至 5.55 cm，外唇高度为 3.52 cm，上下唇突度分别为 3.56 cm 和 3.75 cm。嘴角拉伸度为 2.13 cm。

(5)5 段为无声阶段，此段是发音结束后嘴唇恢复到自然状态的一个过程。从曲线图来看各个部位恢复到自然状态前变化不大，塞擦音后接元音/a/的各部位参数变化和元音/a/的参数基本相似。从整个发音动作的过程来看，有声段占到整个发音过程动作段的 1/3。

4.3.2　塞擦音/tʂ/视位特征

1. 发音方法

/tʂ/是舌尖后不送气的清塞擦音。成阻段舌尖抵住前硬腭。持阻段舌头向后微缩，舌尖抵住前硬腭后突然放开。除阻后舌头留一缝隙，气流通过舌尖前硬腭缝隙发生摩擦，声带不振动。发此音时双唇微开。图 4.18 为塞擦音/tʂ/的目标视位，左图和中图分别记录了目标位置嘴唇的正面和侧面状态，右图记录了舌头的位置。

2. 声学分析

图 4.19 是藏文“ཏ”的发音声波图、语谱图以及目标位置唇形视位图。/ʦʰa/由舌尖前塞擦音/tʂ/和元音/a/组成双音位 CV 结构音节。音频信号长度为 1 540 ms，对应的视位序列图共 38 帧。声波图中显示

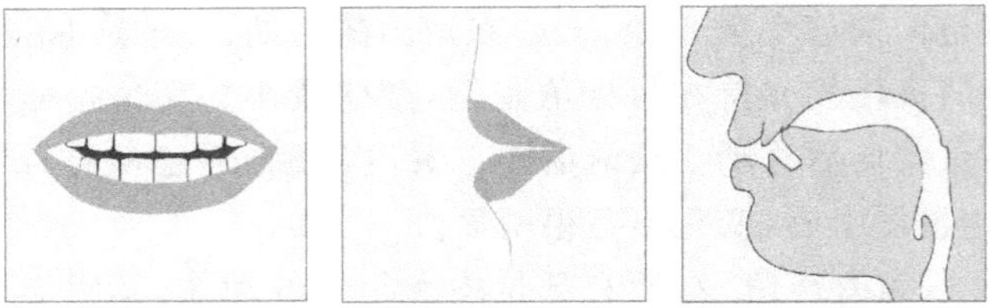

左图　　　　中图　　　　右图

图 4.18　塞音/tʂ/目标位置唇形和舌位示意图

的频率在 3 551～5 276 Hz 之间。在语谱图中可以看到，在 15 帧开始出现了较明显的乱纹，乱纹不规则，这是不送气清塞擦音特征，持续时长为 50 ms。从共振峰值的数据分布来看，F1 为 700 Hz、F2 为 1 180 Hz、F3 为 2 550 Hz。共振峰分布与元音实验中/a/的共振峰分布一致。选取了 8 张发音人的目标视位图进行对比分析，分别是 4、11、15、17、19、21、24 和 35 帧。从静态视位图来看，前 4 帧唇形处于准备阶段无变化，6～15 帧是塞擦音/tʂ/的成阻段。从目标视位的变化来看，双唇微开，呈椭圆形。除阻后舌尖离开前硬腭，转为发元音/a/的状态。从 19～21 帧的目标视位图可以看出，此时的唇开口度较大，可以确定已经达到了元音/a/的目标位置。

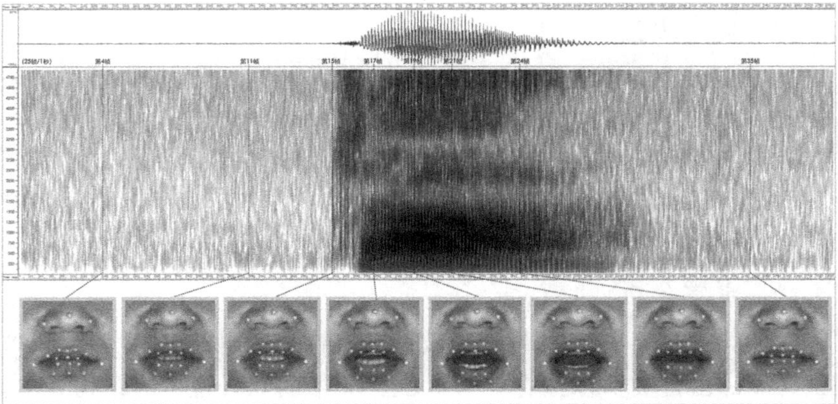

图 4.19　藏文"ཅ"声波图、语谱图、目标位置唇形视位图

3. 视位分析

图 4.20 是藏文“ཊ”的声波图及外唇宽度、外唇高度、上下唇突度和嘴角拉伸度的曲线图。

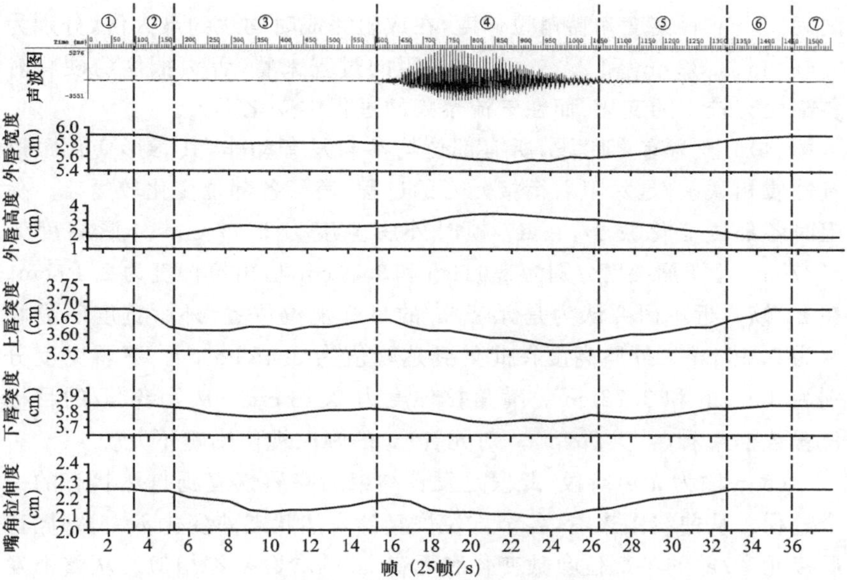

图 4.20　藏文“ཊ”的声波图及唇形参数变化

(1)1 段和 7 段为准备段，口型无变化。

(2)2 段为无声段，除外唇高度不变化外其余部位均有较小的变化。在第 5 帧附近，外唇宽度为 5.83 cm，上唇突度为 3.63 cm。下唇突度和嘴角拉伸度变化较小，分别为 3.82 cm，2.24 cm。在 5 帧附近的变化主要是发/tʂ/时舌尖往前硬腭移动的过程。各部位变化的顺序和/tsʰ/音比较相似，不过变化状态各不相同。

(3)3 段为无声段，所有部位参与发音动作，此段是发音前各部位的准备段，也是塞擦音/tʂ/的成阻段。从曲线图上看，各部位变化较大，在 9 帧附近，舌尖已抵住前硬腭，此时外唇宽度收窄 5.78 cm。外唇高度为 2.65 cm，而上下唇突度分别为 3.63 cm 和 3.77 cm，嘴角拉伸度为 2.15 cm。随着气流的聚集，在除阻前，外唇宽度和外唇高度变化不大，外唇宽度在 5.78～5.8 cm 之间，外唇高度则保持在 2.55～2.71 cm 之间。上下唇突度和嘴角拉伸度，在成阻完成时均达到最大值，分别为 3.65 cm、3.82 cm 和 2.2 cm。从成阻的过程来看，舌头抵住前硬腭时各部位有较小的变化，而在气流聚集的过程中变化不大。

(4)4 段为有声阶段，所有部位均参与发音动作，其唇形变化跟语音性质相联系，是除阻后衔接元音的过程，唇形各部位变化较复杂。除阻时各部位变化较小，在 17 帧时外唇宽度为 5.77 cm，外唇高度为 2.77 cm，上下唇突度分别为 3.63 cm 和 3.79 cm，嘴角拉伸度为 2.19 cm。在 21 帧附近本研究认为是元音/a/的目标视位位置，外唇宽度明显收窄为 5.56 cm。外唇高度在此处到达峰值为 3.49 cm，上、下唇突度分别为 3.6 cm 和 3.73 cm。嘴角拉伸度为 2.13 cm。从元音/a/的目标位置数据来看，舌尖后音/tʂ/对元音/a/的顺向视位影响不大。

(5)5 段为无声阶段，此段是发音结束后嘴唇恢复到自然状态的一个过程。从曲线图来看，各个部位恢复到自然状态前变化不大，塞擦音后接元音/a/的各部位参数变化和元音/a/的参数基本相似。从整个发音动作的过程来看，有声段占整个发音过程动作段的比例不到 1/3。

4.3.3 塞擦音/tɕ/视位特征

1. 发音方法

/tɕ/是舌面前不送气清塞擦音。成阻段舌面与前硬腭闭紧，口腔聚集气流。持阻段舌头向后快速移动。除阻后留一缝隙，气流通过舌前面与前硬腭缝隙处发生摩擦，声带不振动。发此音时嘴唇微开。图 4.21 为塞音/tɕ/的目标视位，左图和中图分别记录了目标位置嘴唇的正面和侧面状态，右图记录了舌头的位置。

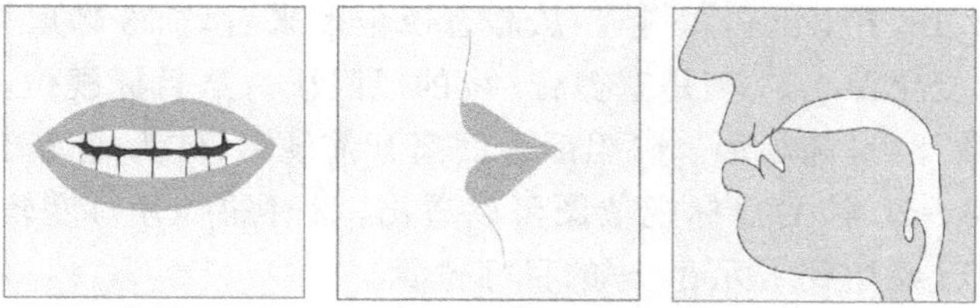

左图　　中图　　右图

图 4.21　塞音/tɕ/目标位置唇形和舌位示意图

2. 声学分析

图 4.22 是藏文“ཅ”的发音声波图、语谱图以及目标位置唇形视位图。/tɕa/音由舌面前塞擦音/tɕ/和元音/a/组成双音位 CV 结构音节。音频信号长度 1 540 ms，对应的视位序列图共 38 帧。声波图中显示的频率在 2 847～4 650 Hz 之间。在语谱图中可以看到，在 14 帧附近开始出现了较明显的乱纹，乱纹表现为不规则，这是不送气清塞擦音特征，持续时长为 50 ms。从共振峰值的数据分布来看，F1 为 720 Hz、F2 为 1 260 Hz、F3 为 2 400 Hz。共振峰分布与元音实验中/a/的共振峰分布一致。选取了 8 张发音人的目标视位图进行对比分析，分别是 3、

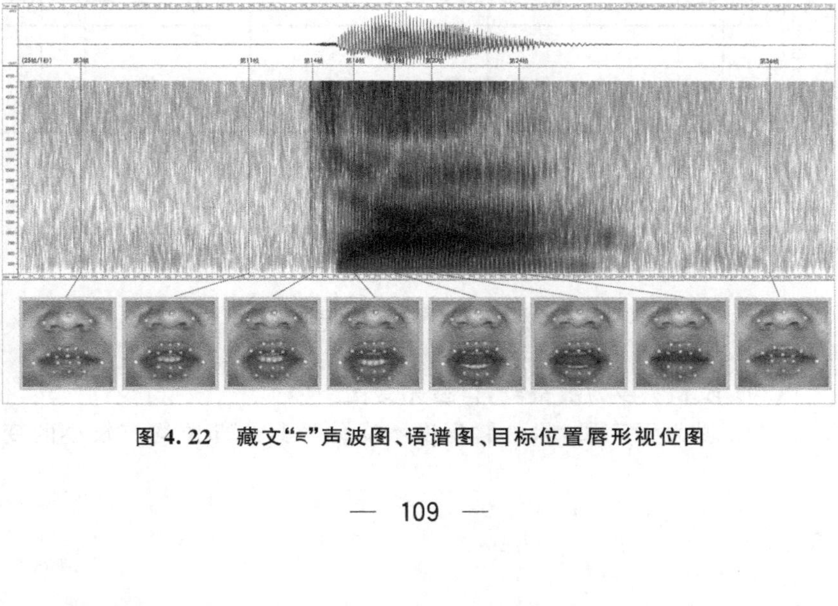

图 4.22　藏文“ཅ”声波图、语谱图、目标位置唇形视位图

11、14、16、18、20、24 和 36 帧。从静态视位图来看，前 3 帧唇形处于准备阶段无变化，4～14 帧是塞擦音/ʨ/的成阻段。从目标视位的变化来看，双唇微开，呈椭圆形。除阻后舌面离开前硬腭，转为发元音/a/的状态。从 18～20 帧的目标视位图可以看出，此时的唇开口度较大，可以确定此时已经达到了元音/a/的目标位置。

3. 视位分析

图 4.23 是藏文“ཅ”的声波图及外唇宽度、外唇高度、上下唇突度和嘴角拉伸度的曲线图。

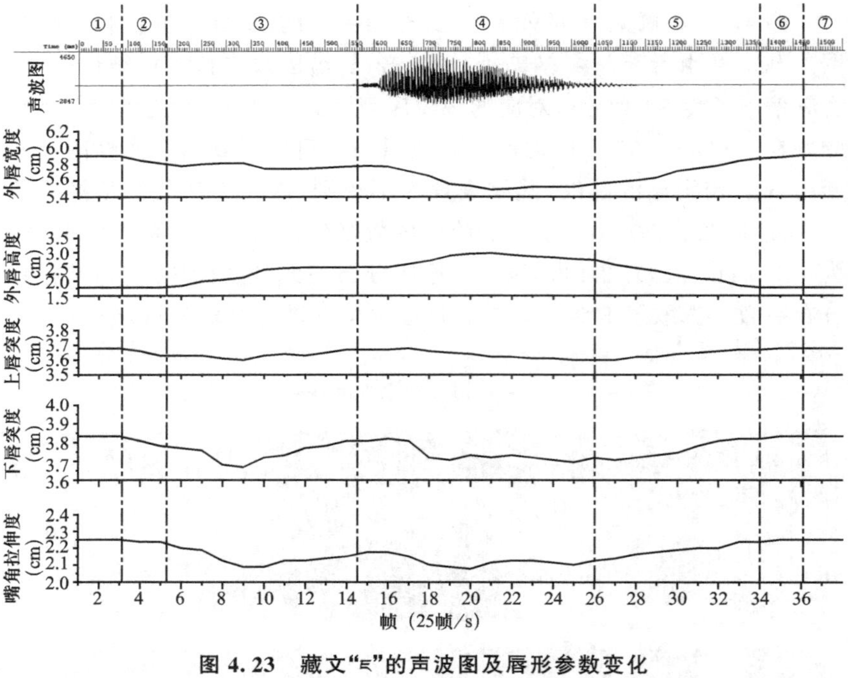

图 4.23 藏文“ཅ”的声波图及唇形参数变化

(1)1 段和 7 段为准备段，口型无变化。

(2)2 段为无声段，除外唇高度不变化外其余部位均有较小的变化。在第 5 帧附近，外唇宽度为 5.82 cm，上唇突度为 3.63 cm。下唇突度和嘴角拉伸度变化较小，分别为 3.8 cm 和 2.24 cm。在 5 帧附近的变化主要是发/tɕ/音时舌面向前硬腭移动的过程。各部位变化的顺序和状态与/tʂ/音较相似。

(3)3 段为无声段，所有部位均参与发音动作，此段是发音前各部位的准备段，也是塞擦音/tɕ/的成阻段。从曲线图上看各部位变化较大，在 9 帧附近，舌面已紧贴前硬腭，并封住气流。此时的外唇宽度为 5.82 cm，外唇高度为 2.34 cm，上下唇突度分别为 3.6 cm 和 3.71 cm，嘴角拉伸度为 2.12 cm。说明此时嘴唇微开，舌头向硬腭用力，所以下颌自然向后移动，双唇突度和最佳拉升度均向后收紧。在持阻前 13 帧的位置，外唇高度为 5.77 cm，外唇宽度为 2.83 cm，上、下唇突度分别为 3.65 cm 和 3.8 cm，嘴角拉伸度为 2.16 cm。在成阻后期外唇宽度和外唇高度，在目标值保持了一段时间，这与/tɕʰa/和/tʂ/音比较相似。

(4)4 段为有声阶段，所有部位均参与发音动作，其唇形变化跟语音性质相联系，是除阻后衔接元音的过程，唇形各部位变化较复杂。除阻时各部位变化较小，在 16 帧时，外唇宽度为 5.78 cm，外唇高度为 2.84 cm，上下唇突度分别为 3.67 cm 和 3.83 cm，嘴角拉伸度为 2.19 cm。在 21 帧附近本实验认为是元音/a/的目标视位位置，外唇宽度收窄至 5.53 cm。外唇高度在此处到达峰值为 3.51 cm，上、下唇突度分别为 3.62 cm 和 3.75 cm。嘴角拉伸度为 2.14 cm。从元音/a/的目标位置数据来看，结合 2＃发音人发/a/音的目标位置的数据，对比后发现变化不大，所以舌尖后音/tʂ/对元音/a/的顺向视位影响不大。

(5)5 段为无声阶段，此段是发音结束后嘴唇恢复到自然状态的一个过程。从曲线图来看，各个部位恢复到自然状态前变化不大，塞擦音后接元音/a/的各部位参数变化和元音/a/的参数基本相似。从整个发音动作的过程来看，有声段占整个发音过程动作段的比例不到 1/3。

4.3.4　塞擦音动态视位比较

依据塞擦音的动态视位分析和讨论，本实验对舌尖前音/tɕʰa/、舌尖后音/tʂ/和舌面前音/tɕ/进行各部位的比较。在塞擦音动态视位的比较中，把3个音的同一个部位进行比较，而且以塞擦音的持阻作为中心，这样便于观察成阻段、乱纹时长和除阻段的变化情况。在塞擦音声学比较中，对2#发音人在发元音/a/的共振峰值和塞擦音后接元音/a/的共振峰值进行对比分析。

1. 外唇宽度比较

外唇宽度的变化和外唇宽度有一定的关系，唇开口度越大外唇宽度就越小。之前的实验中表明外唇宽度大于自然状态值的音很少，只有元音/i/和双唇塞音/pʰ/。图4.24是藏语夏河话塞擦音/ʦʰ/、/tʂ/和/tɕ/与元音/a/相拼时的外唇宽度曲线。通过数据处理，3个塞擦音的持阻段被定在15帧的位置。通过曲线图发现3个音的外唇宽度在整体变化上较相似。

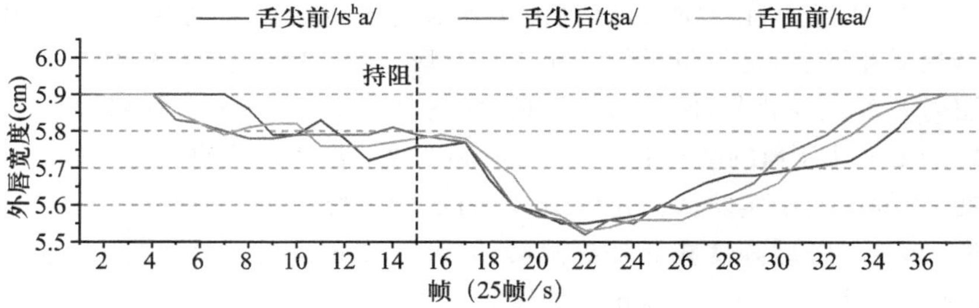

图4.24　塞擦音外唇高度比较

从塞擦音外唇宽度比较来看，/ʦʰ/从7帧的位置开始变化，到持阻时用时相对较少，而/tʂ/和/tɕ/在持阻前变化较相似。在第9帧时舌头已到达指定的位置，从此处开始主要为塞擦音成阻聚集气流，此时/ʦʰ/音的值为5.79 cm，/tʂ/音为5.78 cm，/tɕ/音为5.82 cm。在持阻前，/ʦʰ/音起伏较大，其余两个音保持一致，在持阻时/ʦʰ/音的值为5.76 cm，/tʂ/音为5.79 cm，/tɕ/音为5.78 cm。在17帧附近除阻结束，3个音的前后变化不大，在成阻段舌头到达目标位置到除阻结束，此段主要是聚集气流和除阻时发塞擦音发生摩擦的过程。从 3 个音的外唇宽度值来看，本实验认为，塞擦音/ʦʰ/、/tʂ/和/ʨ/时，在此段变化较小，目标值附近要保持一段时间。17 帧后是协同发音部分，从图 4.24 上可以看到变化一致，元音/a/的外唇宽度最小，目标位置在 22 帧附近，/ʦʰ/音的值为 5.55 cm，/tʂ/音为 5.52 cm，/ʨ/音为 5.53 cm。发音结束后是外唇宽度恢复到自然状态的变化，从曲线图 4.24 上看，变化保持一致，从元音/a/外唇宽度的目标位置恢复到自然状态的数据来看，外唇宽度的顺向影响不大。

2. 外唇高度比较

外唇高度的变化和唇开口度有直接关系，外唇高度越大，唇开口度就越大。而且外唇高度和外唇宽度成反比，唇开口度越大外唇宽度就越小。外唇高度在塞擦音的实验中，从数据的变化来看相对塞音要小，主要是在成阻和除阻过程中，始终要保持唇微开的状态。成阻时唇微开是因为舌头要紧贴前硬腭和上齿背，所以开口度不宜过大或太小，而除阻时舌头和前硬腭保留一个缝隙后发生摩擦，此时的开口度如果有变化，会破坏摩擦效果。所以在发/ʦʰ/、/tʂ/和/ʨ/音时外唇高度变化较小。如图 4.25 所示。

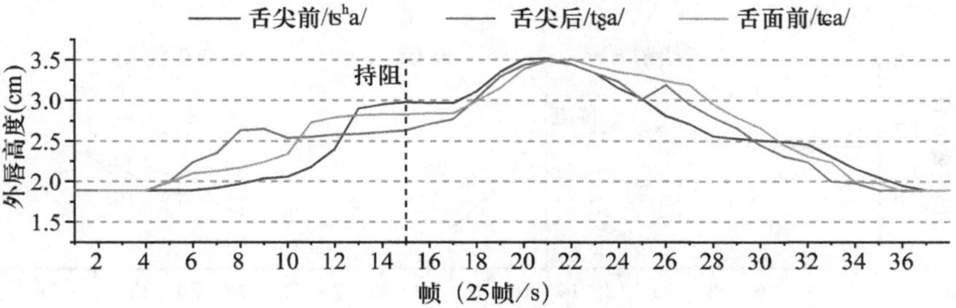

图 4.25　塞擦音外唇高度比较

从塞擦音外唇高度比较来看，在第 9 帧时舌头已到达指定的位置，从此处开始主要为塞擦音成阻聚集气流，此时/ʦʰ/音的值为 2.04 cm，/tʂ/音为 2.65 cm，/ʨ/音为 2.24 cm。在持阻前/ʦʰ/变化靠后，而且起伏较大。/tʂ/变化靠前。/tɕ/变化在其他两个音的中间部位。在持阻时/$ʦ^h$/音的值为 2.98 cm，/tʂ/音为 2.63 cm，/tɕ/音为 2.83 cm。在 17 帧附近除阻结束，3 个音外唇高度值此段变化较小，均在各自的目标值保持了一段时间。除阻后是衔接元音的过程，从图 4.25 上可以看到变化一致，元音/a/的外唇高度最大目标位置在 21 帧附近，/$ʦ^h$/音的值为 3.52 cm，/tʂ/音为 3.49 cm，/tɕ/音为 2.84 cm。发音结束后是外唇宽度恢复到自然状态的变化，从曲线图 4.25 上看，变化保持一致，本实验认为从元音/a/外唇宽度的目标位置恢复到自然状态的数据来看，外唇高度的顺向影响不大。

3. 上唇突度比较

从图 4.26 中可以看出，只有舌尖前音/$ʦ^h$/在成阻时上唇有突起状态，而/tʂ/和/tɕ/在发音时低于自然状态值。这可能是舌位与上齿背和前硬腭所接触的面积大小有关系，3 个音虽然都是舌面前部紧贴上齿背和前硬腭，但从接触面积比较，/$ʦ^h$/音最小，所以舌头向前移动的少，口轮匝肌相对松弛，使得上唇突起。除阻后 3 个音的上唇突度变化较大。舌尖前塞擦音/$ʦ^h$/，在送气时上唇收紧，而/tʂ/和/tɕ/为不送气音，上唇变化相对较小。

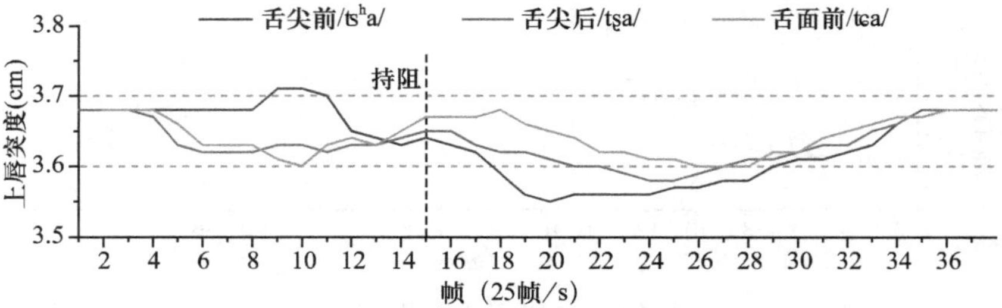

图 4.26 塞擦音上唇突度比较

在/$ʦ^h$/音的成阻段舌尖抵住上齿背时，上唇突度在第 9 帧时的值为 3.71 cm，此时的上唇处于突起状态。而/tʂ/和/tɕ/音在第 9 帧的值分别是 3.63 cm 和 3.6 cm，这两个音均小于自然状态。从数据上看，在聚集气流前上唇突度的变化较大。在持阻时 3 个音的上唇突度值依次为 5.76 cm、5.79 cm 和 5.78 cm。从持阻时的数据看，上唇突度的变化不大。除阻后/ʦ^{h}/的上唇突度有较大的收缩，而/ʨ/的上唇突度却接近于自然值状态。实验中出现这样的现象和舌头的移动有直接关系。在 3 个音成阻的时候，舌头向前移动的距离大小依次为/ʨ/＞/tʂ/＞/ʦh/，而在发元音/a/时舌位要保持较低位置，而且舌身需后缩。所以在除阻后，衔接元音/a/时舌头的变化较大，固然会影响到上唇突度值。在发元音/a/时，3 个音的上唇突度，均小于自然状态。这和塞音实验一致。2＃发音人在发元音/a/时上唇突度，要小于自然状态值，和第 3 章元音实验中 1＃发音人的上唇突度略有不同。而上唇突度值与唇开口度有一定关系，在辅音的实验中发现开口度越大，上唇突度就越小。元音/a/的上唇突度，最小目标位置在 22 帧附近，/ʦh/音的值为 3.56 cm，/tʂ/音为 3.6 cm，/ʨ/音为 3.62 cm。从上唇突度值来看，舌尖前音/ʦ^{h}/和舌面前音/ʨ/变化较大。从后接元音/a/音的目标位置来看，各部位变化有一定的差异，所以本实验证明在发音时擦音对元音/a/的上唇突度有一定影响，而这种影响主要是由舌头位置变化大所造成的，但是从数据上看影响不是很大。

4. 下唇突度比较

在塞擦音动态视位研究中，发现上下唇突度均小于自然状态，而且上下唇突度的变化具有一定的规律性。本研究在第 2 章已经分析过下颌的运动直接关系到下唇突度的变化，而下颌的运动又与唇开口度有直接关系。所以从总体上来分析，下唇突度的变化要明显多于上唇突度。但是在塞擦音的实验中，除阻前 3 个音的唇开口度均保持微开状态，所以下颌运动幅度较小，所带动的下唇突度运动范围也相对较小。从图 4.27 可以看出，3 个音的下唇突度均比上唇突度要大，但是比塞音的值要小很多。从上下唇突度的曲线比较来看，变化保持基本一致。

舌尖前音/ʦ^{h}/在第 9 帧的位置，下唇突度缩小至 3.87 cm，略高于自然状态。舌尖后音/tʂ/的值为 3.77 cm，而舌面前音/ʨ/的值为 3.72 cm。

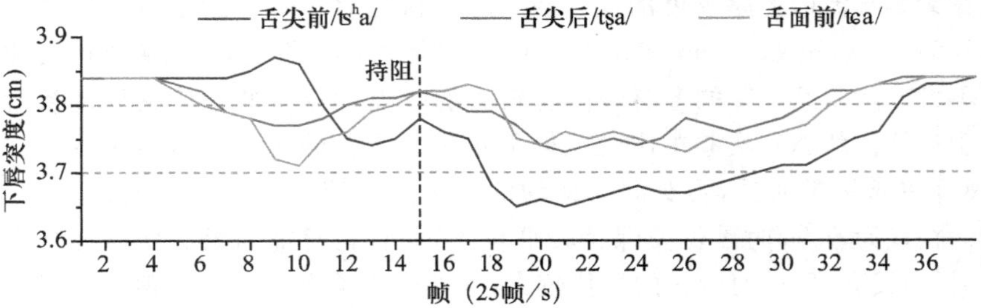

图 4.27 塞擦音下唇突度比较

从变化来看和上唇突度较相似，说明在口腔气流聚集前上下唇突度保持一致性。在 15 帧时/ts^h/的值为 3.78 cm，/tʂ/的值为 3.82 cm，/tɕ/的值为 3.82 cm，舌面前音/tɕ/在聚集气流的过程中唇突度向自然状态值靠拢，和上唇突度变化比较相似。除阻后，衔接元音/a/时舌头的变化较大，自然会影响到上下唇突度值。在发元音/a/时，3 个音的上唇突度，均小于自然状态。元音/a/的下唇突度，最小目标位置在 21 帧附近，/ts^h/音的值为 3.65 cm，/tʂ/音为 3.73 cm，/tɕ/音为 3.76 cm。从下唇突度的值来看，舌尖前音/ts^h/变化较大，其余两个音变化较相似，本研究认为在发塞擦音时，对元音/a/下唇突度的有一定的顺向影响，主要受舌头后移时的连带影响，从影响值来看不是很大。

5. 嘴角拉伸度比较

在元音的实验中，本研究认为嘴角拉伸度在发音过程中的变化和上下唇突度有一定的联系，并与上下唇突成正比。但在塞音的实验中发现，这种关联不是很大，比如在发双唇音/p^h/时，上下唇在持阻时突起，但嘴角拉伸度并没有向前移动。而在塞擦音的实验中，嘴角拉伸度和下唇突度又较为相似。图 4.28 是藏语夏河话塞音/ts^h/、/tʂ/和/tɕ/与元音/a/相拼时的嘴角拉伸度曲线图。从中发现/tʂ/和/tɕ/的嘴角拉伸度基本相似，而/ts^h/音稍有不同，/ts^h/音在成阻段嘴角微微向前移动，高于自然状态，持阻结束后向后移动较多。

在第 9 帧时舌尖前音/ts^h/的值为 2.28 cm，高于自然状态值，舌尖

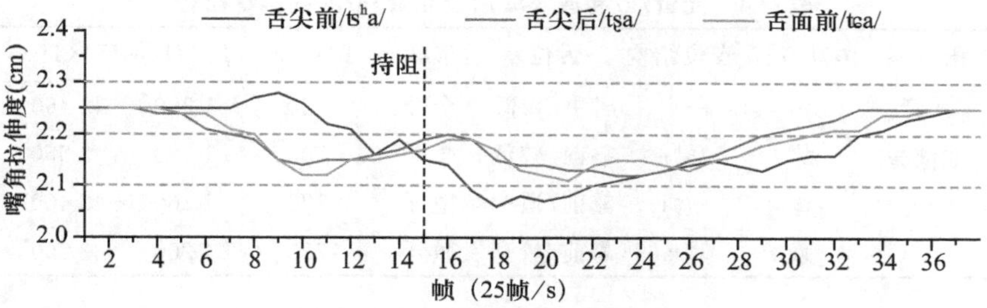

图 4.28　塞擦音嘴角拉伸度比较

后音/tʂ/和舌面前音/tɕ/的值均为 2.15 cm。/tsʰ/音在成阻段双唇突起的时候，嘴角也向前移动，而/tʂ/和/tɕ/在成阻时均向后收紧。在 15 帧时/tsʰ/的值为 2.15 cm，/tʂ/的值为 2.19 cm，/tɕ/的值为 2.17 cm。除阻后衔接元音/a/，在发音时嘴角拉伸度最小值的位置在 21 帧附近，/tsʰ/音的值为 2.11 cm，/tʂ/音为 2.13 cm，/tɕ/音为 2.14 cm。从嘴角拉伸度的值来看，舌尖前音/tsʰ/变化较大，其余两个音变化较相似，那么在发塞擦音时，从嘴角拉伸度的曲线来看，塞擦音对元音/a/的影响不大。

6. 声学比较

表 4.4 是元音/a/和塞擦音后接元音/a/的共振峰比较，通过 F1、F2 和 F3 数据的比较，分析塞擦音后接元音的共振峰值是否受到协同发音的影响，就可以判断舌位在协同发音过程中的影响。元音/a/的 F1 为 720 Hz，F2 为 1 200 Hz，F3 为 2 460 Hz。舌尖前音/tsʰ/的后接元音 F1 为 730 Hz，F2 为 1 150 Hz，F3 为 2 380 Hz。舌尖后音/tʂ/的后接元音 F1 为 760 Hz，F2 为 1 220 Hz，F3 为 2 400 Hz。舌面前音/tɕ/的后接元音 F1 为 720 Hz，F2 为 1 200 Hz，F3 为 2 350 Hz。从共振峰数据比较来看，塞擦音对后接元音/a/的 F1～F3 影响不大。

表 4.4 元音/a/和塞擦音后接元音/a/的共振峰比较

语音系	国际音标	音位结构	舌位	唇形状态	F1(Hz)	F2(Hz)	F3(Hz)
元音	a	—	居中/较低	全开	720	1 200	2 460
塞擦音	ʦʰ	ʦʰa	靠前/较低	微开	700	1 180	2 550
	tʂ	tʂa	靠前/适中	微开	720	1 260	2 400
	ʨ	ʨa	靠前/较高	微开	720	1 200	2 350

4.4 藏语夏河话鼻音动态视位特征

鼻音实验选取 1# 发音人的动态视位和音视频数据，在自然状态下，各部位的视位值为外唇宽度 5.7 cm、外唇高度 2.51 cm、上唇突度 3.68 cm，下唇突度 3.7 cm、嘴角拉伸度 2.22 cm。

藏语夏河中鼻音共有 4 个：/m/、/n/、/ȵ/和/ŋ/。鼻音通常为浊音。其中/m/为双唇音，/n/为舌尖中音，/ȵ/为舌面前音，/ŋ/为舌面后音。在鼻音的实验中，选择双唇音/m/，舌面前音/ȵ/，舌面后音/ŋ/进行实验，它们与后接元音/a/相拼，形成双音位 CV 结构的音节。

表 4.5 藏语夏河话鼻音词

序号	1	2	3
鼻音	m	ȵ	ŋ
藏文	མ	ཉ	ང
音标	ma	ȵa	ŋa
汉语释义	妈	鱼	我
语音结构	CV	CV	CV
时长(s)	1.6	1.6	1.6
帧数	40	40	40
舌位	双唇音	舌面前	舌面后

表 4.5 是鼻音实验发音词，本实验选取的均是双音位词汇，而且 3 个音来自不同部位。双唇音/m/后接元音/a/相拼为/ma/，所对应的藏文是“མ”(妈)；舌面前音/ȵ/与后接元音/a/相拼为/ȵa/，所对应的藏文是“ཉ”(鱼)；舌面后音/ŋ/与后接元音/a/相拼为/ŋa/，所对应的藏文是“ང”(我)；为了便于后期数据对比分析，对各数据进行了标准化处理，3 个音的时长都是 1.6 s(40 帧)。

4.4.1　鼻音/m/视位特征

1. 发音方法

/m/是双唇浊鼻音。发音时舌头自然放平，软腭下垂；双唇闭拢，比起双唇擦音/p^h/要放松一些；持阻时气流从鼻腔泻出，同时振动声带，而且会感觉到嘴唇振动。图 4.29 是鼻音/m/的目标视位，左图和中图分别记录了目标位置唇形的正面和侧面状态，右图记录了舌头的位置。

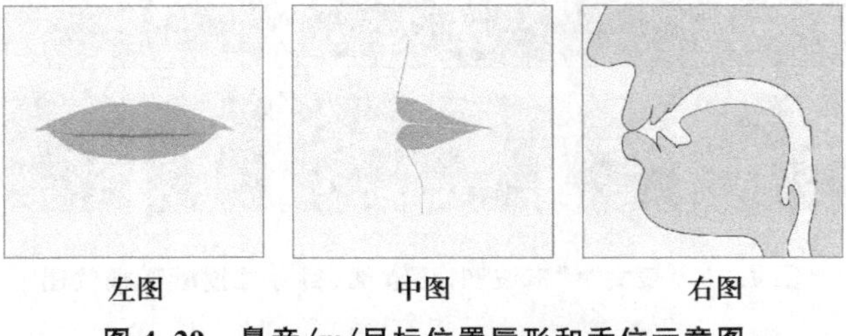

图 4.29　鼻音/m/目标位置唇形和舌位示意图

2. 声学分析

图 4.30 是藏文“མ”的声波图、语谱图以及目标位置唇形视位图，由双唇鼻音/m/和元音/a/组成双音位 CV 结构的音节，发/ma/音。音频长度 1 620 mm，对应的视位帧数为 40。声波图中显示的频率在 1 295～1 513 Hz 之间。在语谱图中可以看到，在 14～18 帧之间出现较明显的鼻

音横杆特征，持续时长为 160 ms，从持续时间来看相对较长。从后接元音/a/的共振峰数据分布来看，F1 为 820 Hz、F2 为 1 380 Hz、F3 为 2 850 Hz，共振峰分布与元音实验中/a/的共振峰表现一致。在/m/音的实验中，选取了 8 张发音人的目标视位图，分别是 4、11、14、18、19、21、25 和 37 帧。从图 4.30 看，4 帧前唇形处于准备阶段，无变化，5～14 帧是鼻音/m/的成阻段，在成阻段双唇闭拢，微微向前突起。15～18 帧是持阻段，持阻时气流从鼻腔泻出，感觉到嘴唇会振动。从 19 帧目标视位图可以看出，此时的唇开口度最大，可以推测元音/a/的目标位置就在附近。

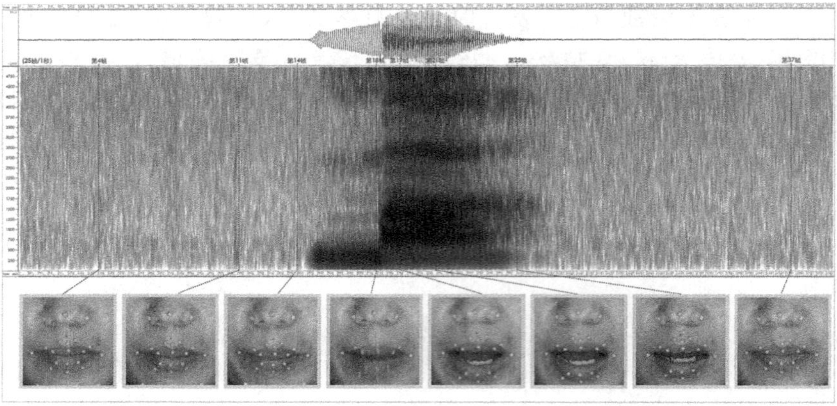

图 4.30　藏文“མ”声波图、语谱图、目标位置唇形视位图

3. 视位分析

图 4.31 是藏文“མ”的声波图及外唇宽度、外唇高度、上下唇突度和嘴角拉伸度的曲线图。声波图横向是音长，为 1.6 s，所对应的动态视位长度为 40 帧。

(1)1 段和 7 段为准备段，口型无变化。

(2)2 段为无声段，此段除嘴角拉伸度在自然状态，其余各指标均有变化，但变化幅度较小。

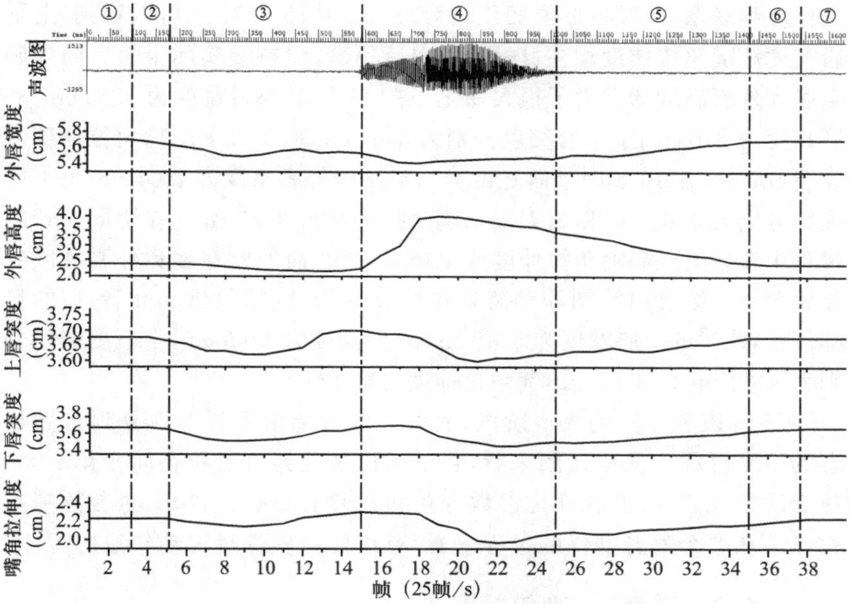

图 4.31　藏文“མ”的声波图及唇形参数变化

(3)3 段为无声段，所有部位均参与发音动作，此段是鼻音/m/的成阻段。从曲线图上看各部位变化分布均匀。在 5 帧附近，嘴唇开始闭拢，此时的外唇宽度为 5.65 cm；外唇高度为 2.5 cm；上下唇突度分别为 3.66 cm 和 3.62 cm；嘴角拉伸度为 2.22 cm。在 9 帧时外唇宽度为 5.52 cm；外唇高度为 2.35 cm；上下唇突度分别为 3.63 cm 和 3.54 cm；嘴角拉伸度为 2.14 cm。从数据上看，此时双唇闭拢，外唇高度小于自然状态，而上下唇突度也小于自然状态。在 15 帧附近，各部位到达峰值，此时的外唇宽度为 5.62 cm；外唇高度为 2.35 cm；上下唇突度分别为 3.7 cm 和 3.71 cm；嘴角拉伸度为 2.29 cm。从实验数据发现，在发鼻音/m/时，在成阻段前期上下唇突度会小于自然状态，而在后期上下唇突度会大于自然状态。外唇高度在成阻段因双唇闭拢，所以小于自然状态。

(4)4 段为有声阶段，所有部位均参与发音动作，其唇形变化跟语音性质相联系，此段各部位变化相对较大。从图 4.31 上可以看到，上下唇突度和嘴角拉伸度均在目标位置保持不变，但持续实际很短。而外唇宽度和外唇高度却发生了很大变化。在 16 帧时外唇宽度为 5.52 cm；外唇高度为 2.8 cm；上下唇突度分别为 3.69 cm 和 3.72 cm；嘴角拉伸度为 2.28 cm。而在 18 帧时外唇宽度为 5.45 cm；外唇高度为 4.04 cm；上下唇突度分别为 3.68 cm 和 3.71 cm；嘴角拉伸度为 2.27 cm。在协同发音的过程中双唇突度和嘴角拉伸度变化相对较大，而外唇宽度和外唇高度变化比较小。结合声波图和动态视位变化认为 20 帧附近为元音/a/的目标位置，此时的外唇宽度为 5.48 cm，外唇高度为 4.09 cm，上下唇突度分别为 3.62 cm 和 3.55 cm，嘴角拉伸度为 2.12 cm。

（5）5 段和 6 段为无声阶段，此段是发音结束后唇形恢复到自然状态的一个过程。从曲线图来看，各个部位恢复到自然状态前变化不大，鼻音后接元音/a/的各部位参数变化和元音实验中元音/a/的参数基本相似。从整个发音动作的过程来看，有声段占发音过程动作段的 1/3。

4.4.2 鼻音/ȵ/视位特征

1. 发音方法

/ȵ/是舌面前浊鼻音。发音时舌尖放在下齿背处，舌前面与前硬腭闭紧，软腭下降，打开鼻腔通道，持阻时气流从鼻腔泄出，同时声带振动发出声音，双唇微微张开。图 4.32 为鼻音/ȵ/的目标视位，左图和中图分别记录了目标位置唇形的正面和侧面状态，右图记录了舌头的位置。

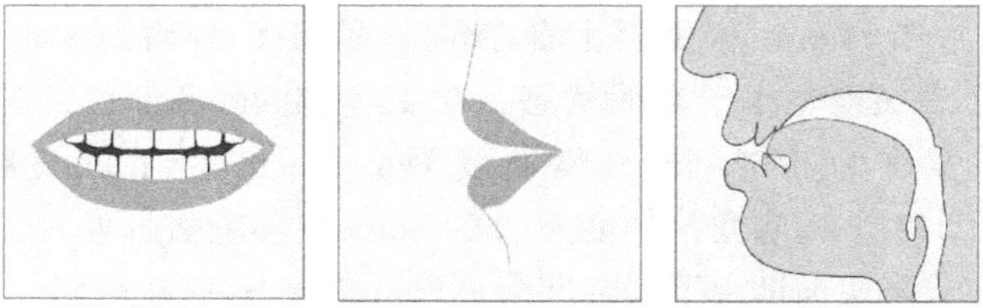

左图　　中图　　右图

图 4.32　塞音/ȵ/目标位置唇形和舌位示意图

2. 声学分析

图 4. 33 是藏文“ཉ”的声波图、语谱图以及目标位置唇形视位图，由舌面前鼻音/ȵ/和元音/a/组成双音位 CV 结构的音节，发/ȵa/音。音频长度 1 620 mm，对应的视位帧数为 40。声波图中显示的频率在 1 596～1 647 Hz 之间。在语谱图中可以看到，在 13～17 帧之间出现较明显的鼻音横杆特征，持续时长为 150 ms，从持续时间来看相对较长。从后接元音/a/的共振峰数据分布来看，F1 为 860 Hz、F2 为 1 500 Hz、F3 为 2 790 Hz，共振峰分布与元音实验中/a/的共振峰表现一致。在/ȵ/音的实验中，选取了 8 张发音人的目标视位图，分别是 3、9、13、15、17、19、24 和 37 帧。从图 4. 33 来看，3 帧前唇形处于准备阶段，无变化，4～12 帧是鼻音/ȵ/的成阻段，在成阻段双唇微开。13～17 帧是持阻段，持阻时气流从鼻腔泄出，双唇微开。从 19 帧的目标视位图可以看出，此时的唇开口度最大，可以推测已经到达元音/a/的目标位置。从鼻音后接元音/a/的唇开口度大小来看，比发/ma/音时要大一些。

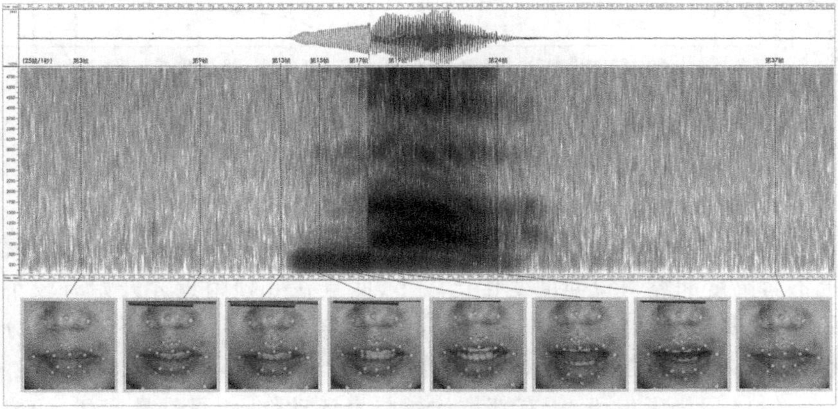

图 4. 33　藏文“ཉ”声波图、语谱图、目标位置唇形视位图

3. 视位分析

图 4. 34 是藏文“ཉ”的声波图及外唇宽度、外唇高度、上下唇突度和嘴角拉伸度的曲线图。

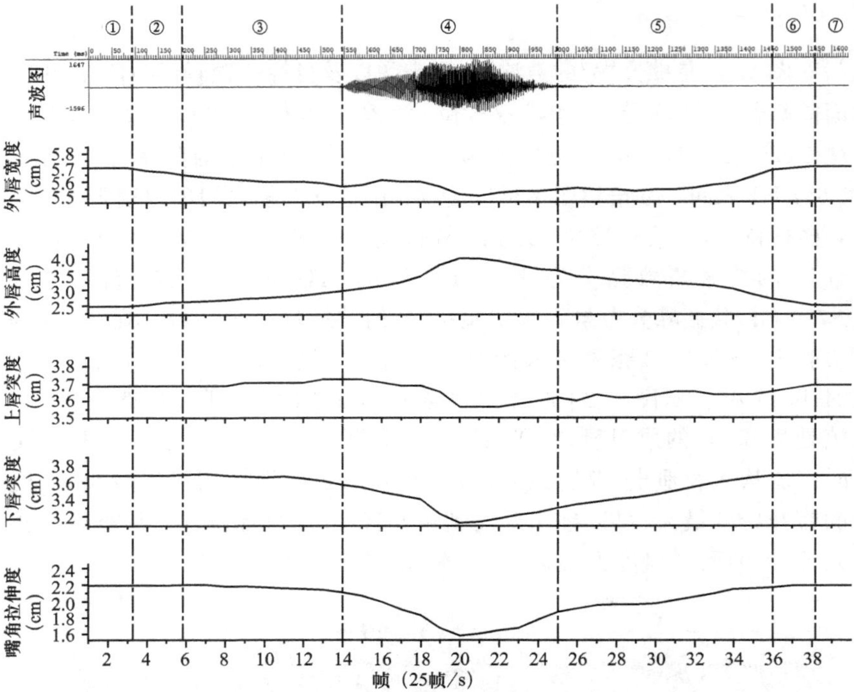

图 4.34　藏文"ཉ"的声波图及唇形参数变化

(1)1 段和 7 段为准备段,口型无变化。

(2)2 段为无声段,此段外唇宽度和外唇高度变化相对大一点,而上下唇突度和嘴角拉伸度变化比较小,而且在 6 帧附近才开始有较小的变化,其中外唇宽度为 5.65 cm;外唇高度为 2.66 cm;上下唇突度分别为 3.68 cm 和 3.71 cm;嘴角拉伸度为 2.23 cm。

(3)3 段为无声段,所有部位均参与发音动作,此段是鼻音/ȵ/的成阻段。从曲线图上看唇形变化不大,在 10 帧附近外唇宽度为 5.61 cm;外唇高度为 2.8 cm;上下唇突度分别为 3.69 cm 和 3.68 cm;嘴角拉伸度为 2.2 cm。而在 14 帧成阻结束时外唇宽度为 5.59 cm;外唇高度为 3.01 cm;上下唇突度分别为 3.7 cm 和 3.64 cm;嘴角拉伸度为 2.16 cm,

从数据上看，成阻段变化分布比较均匀，而且变化幅度较小。

(4)4 段为有声阶段，所有部位均参与发音动作，其唇形变化跟语音性质相联系。在持阻段主要变化集中在协同发音的过程中，在 14 帧成阻结束时唇宽度为 5.58 cm；外唇高度为 3.04 cm；上下唇突度分别为 3.7 cm 和 3.6 cm；嘴角拉伸度为 2.14 cm。在 18 帧附近外唇宽度为 5.61 cm；外唇高度为 3.56 cm；上下唇突度分别为 3.68 cm 和 3.44 cm；嘴角拉伸度为 1.87 cm。从持阻段来看，各部位变化相对较小，而且均匀。除阻后 20 帧附近各部位到达峰值，此时元音/a/到达目标位置，外唇宽度为 5.53 cm；外唇高度为 4.2 cm；上下唇突度分别为 3.61 cm 和 3.17 cm；嘴角拉伸度为 1.63 cm。从数据变化来看，下唇突度和嘴角拉伸度变化比较大，而外唇宽度和上唇突度变化较小。

(5)5 段为无声阶段，此段是发音结束后嘴唇恢复自然状态的一个过程。从曲线图上来看，各个部位恢复到自然状态变化不大，鼻音后接元音/a/的参数变化和元音实验中/a/的参数基本相似。从整个发音动作的过程来看，有声段占发音过程动作段的 1/3。

4.4.3　鼻音/ŋ/视位特征

1. 发音方法

/ŋ/是舌面后浊鼻音。舌尖放在下齿背处，舌面中部与硬腭中部闭紧，打开鼻腔通道；持阻时软腭下降，气流从鼻腔泄出，同时振动声带发音；发音时双唇微开。图 4.35 为塞音/ŋ/的目标视位，左图和中图分别记录了目标位置唇形的正面和侧面状态，右图记录了舌头的位置。

2. 声学分析

图 4.36 是藏文“ང”的声波图、语谱图以及目标位置唇形视位图，由舌面后鼻音/ŋ/和元音/a/组成双音位 CV 结构的音节/ŋa/，音频长度 1 620 mm，对应的视位帧数为 40。声波图中显示的频率在 1 490～1 810 Hz 之间。在语谱图中可以看到，在 14～18 帧之间出现较明显的

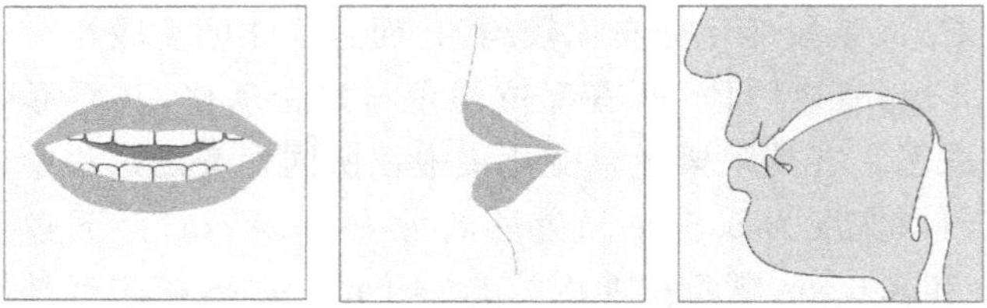

左图　　　　中图　　　　右图

图 4.35　塞音/ŋ/目标位置唇形和舌位示意图

鼻音横杆特征，持续时长为 170 ms，从持续时间来看相对较长。从后接元音/a/的共振峰数据分布来看，F1 为 810 Hz、F2 为 1 410 Hz、F3 为 2 710 Hz，共振峰分布与元音实验中/a/的共振峰表现一致。在/ŋ/音的实验中，选取了 8 张发音人的目标视位图，分别是 4、10、14、16、18、20、26 和 38 帧。从目标视位图看，4 帧前唇形处于准备阶段无变化。5～13 帧是鼻音/ŋ/的成阻段，在成阻时双唇微开，微开程度是 3 个鼻音中最大的。14～17 帧是持阻段，持阻时软腭下降，气流从鼻腔泄出。从 18～20 帧的目标视位图可以看出，此时的唇开口度最大，可以推测已经到达元音/a/的目标位置，从开口度的大小来看，是 3 个鼻音中最大的。

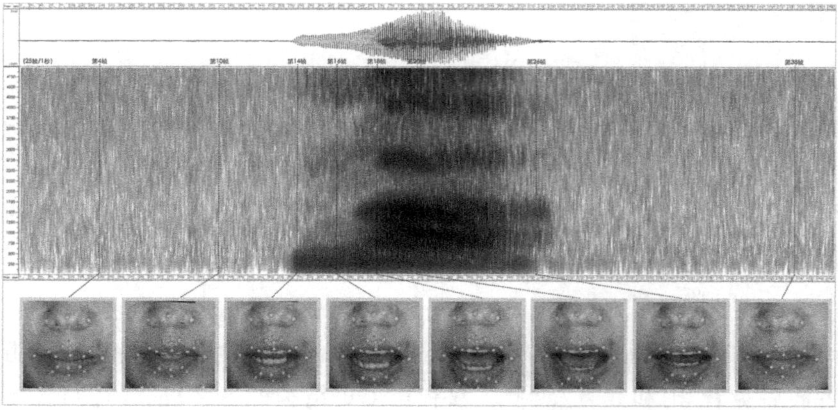

图 4.36　藏文“ང”声波图、语谱图、目标位置唇形视位图

3. 视位分析

图 4.37 是藏文“ང”的声波图及外唇宽度、外唇高度、上下唇突度和嘴角拉伸度的曲线图。

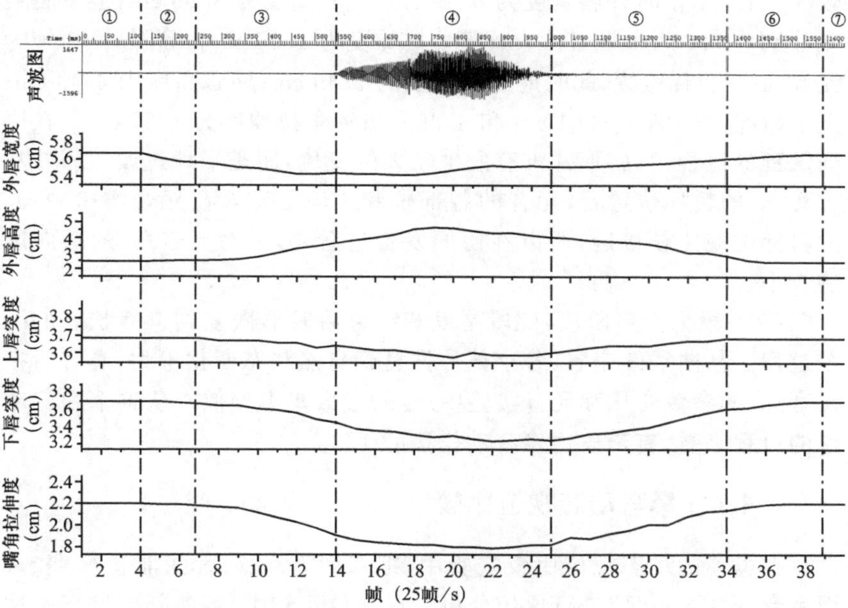

图 4.37 藏文“ང”的声波图及唇形参数变化

(1)1 段和 7 段为准备段，口型无变化。

(2)2 段为无声段，此段外唇宽度变化相对大一点，其他指标变化比较小。

(3)3 段为无声段，所有部位均参与发音动作，此段是鼻音/ŋ/的成阻段。从曲线图上看各部位变化较少，鼻音/ŋ/和/ȵ/在成阻段变化比较相似。在 7 帧时外唇宽度为 5.6 cm、外唇高度为 2.56 cm、上下唇突度均为 3.68 cm、嘴角拉伸度为 2.2 cm。而在 13 帧时外唇宽度为 5.48 cm、外唇高度为 3.38 cm、上唇突度为 3.64 cm、下唇突度为 3.53 cm、嘴角拉伸度为 2.01 cm。而下唇突度和嘴角拉伸度相对变化较大。从成阻后期的数据中可以发现，外唇高度相对前面两个鼻音要大一些。

(4)4 段为有声阶段，所有部位均参与发音动作，其唇形变化跟语音性质相联系。整体来看在有声段各部位虽然变化不多，但变化幅度较大。在 14 帧时外唇宽度为 5.49 cm；外唇高度为 3.56 cm；上下唇突度分别为 3.65 cm 和 3.5 cm；嘴角拉伸度为 1.95 cm。除阻后 19 帧为元音/a/的目标位置，此时的外唇宽度为 5.49 cm；外唇高度为 4.43 cm；上下唇突度分别为 3.61 cm 和 3.36 cm；嘴角拉伸度为 1.87 cm。在协同发音的过程中，唇形并没有发生较大的变化，而是平稳过渡。另外从元音/a/的目标位置看，元音的各部位和 1＃ 发音人在元音实验中/a/的目标位视比较接近，所以在协同发音过程中/ŋ/对元音/a/的顺向影响较小。

(5)5 段为无声阶段，此段是发音结束后唇形恢复到自然状态的一个过程。从曲线图来看，各个部位恢复到自然状态变化不大，鼻音后接元音/a/的参数变化和元音实验中/a/的参数基本相似。从整个发音动作的过程来看，有声段占发音动作段的 1/3。

4.4.4 鼻音动态视位比较

在鼻音的动态视位比较实验中，把双唇音/m/、舌面前音/ȵ/和舌面后音/ŋ/的各部位进行比较分析。在视位比较中，将各部位进行标准化处理，以鼻音的持阻开始点作为中心对齐，以便于观察成阻段、持阻横杆时长和除阻段的变化。在鼻音的声学比较中，主要对 1＃ 发音人在元音实验中/a/的共振峰值和鼻音后接元音/a/的共振峰值进行比较和分析。

1. 外唇宽度比较

外唇宽度在上面辅音的实验中，变化主要集中在成阻段和协同发音的过程中。在塞鼻音的实验中双唇音/m/在成阻段变化相对较多，而/ȵ/音和/ŋ/音变化相对比较小。图 4.38 是藏语夏河话鼻音/m/、/ȵ/和/ŋ/与元音/a/相拼时的外唇宽度曲线图。通过数据处理，把 3 个鼻音的持阻段开始点定义在 15 帧的位置。从曲线图中，发现 3 个音的外唇宽度整体变化过程较少。

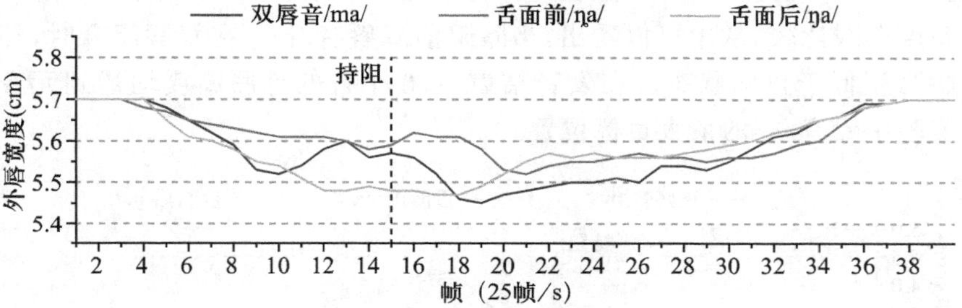

图 4.38 鼻音外唇宽度比较

从鼻音外唇宽度比较来看，成阻段3个音的变化各异。在第9帧时/ma/音的值为5.54 cm；/ȵa/音为5.62 cm；/ŋa/音为5.55 cm；在成阻后期13帧时/ma/音的值为5.6 cm；/ȵa/音为5.6 cm；而/ŋa/音为5.48 cm。持阻段3个音的持阻长度各不一样：/ma/音在19帧附近结束，外唇宽度为5.45 cm，持阻用时约160 ms；/ȵa/在18帧附近结束，外唇宽度为5.41 cm，持阻用时约150 ms；/ŋa/音在18帧附近结束，外唇宽度为5.47 cm，用时约170 ms。除阻结束后，3个音到达元音/a/的最小目标位置，/ma/音在19帧附近，为5.45 cm；/ȵa/音在21帧附近，为5.4 cm；/ŋa/音在18帧附近，为5.47 cm。从外唇宽度的比较来看，/ŋa/音比较接近1＃发音人在元音实验中外唇宽度值，其余两个音相差较大。通过鼻音外唇宽度的比较，可以得出：①从3个音的成阻段变化来看，/ma/的变化有别于其他两个音，主要原因是/m/为双唇音，唇形变化相对较多；②鼻音/ȵa/在成阻段变化较小，而变化相对集中在协同发音过程中，而且后接元音/a/受协同发音的影响较大；③/ŋa/音整体变化比较平滑，没有出现较大幅度的变化。

2. 外唇高度比较

在塞音的实验中，外唇高度在除阻前变化较大。在塞擦音的实验中，虽然3个音的外唇高度有一定差别，但变化相对较小。在擦音的实验中外唇高度的变化主要集中在持阻后。在鼻音实验中,可以看到在除阻前3个音差距较大,除阻后保持的相对一致。图4.39是鼻音外唇高度曲线比较,从中可以看出,当除阻前双唇音/ma/在双唇闭合时,外唇高度低于自然状态。在发音结束后,3个音的外唇高度均达到元音实验中元音/a/的最大目标位置。

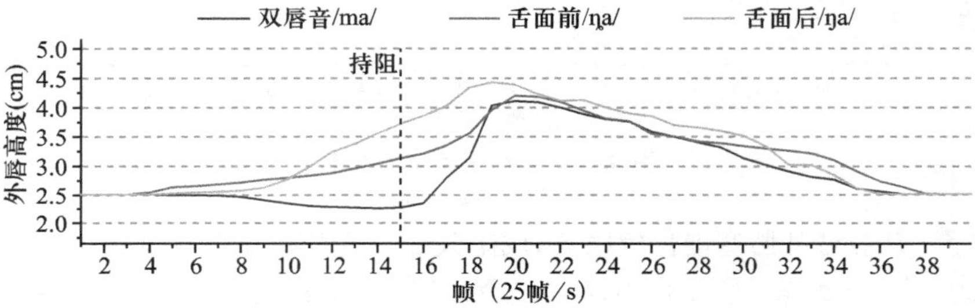

图4.39 鼻音外唇高度比较

从鼻音外唇高度比较来看,除阻前3个音变化差距较大,在10帧时/ma/音的值为2.35 cm;/ȵa/音为2.8 cm;/ŋa/音为2.77 cm;此时除双唇音/m/小于自然状态外,其余两个音双唇微开。在15帧时/ma/音的值为2.27 cm;/ȵa/音为3.13 cm;/ŋa/音为3.73 cm;从成阻结束后3个音的开口度相差较大。持阻时数据相对变化较大,在16帧时/ma/音为2.35 cm;/ȵa/音为3.21 cm;/ŋa/音为3.86 cm;而在18帧附近/ma/音为3.14 cm;/ȵa/音为3.56 cm;/ŋa/音为4.34 cm。在协同发音后,各部位的值均到达了元音/a/的目标位置,在20帧附近/ma/音的值为4.11 cm;/ȵa/音的值为4.2 cm;/ŋa/音的值为4.39 cm。从上述数据分析来看,在外唇高度的比较中,虽然双唇音/ma/在成阻段一直低于自然状态,但在协同发音后唇开口度依然能到达元音/a/的目标位置,说明在协同发音的过程中变化较大。而/ȵa/音和/ŋa/变化单一,从成阻到元音/a/的目标位置,双唇从自然状态到全开的过程中没有发生较多的变化。从整个发音来看,各鼻音的外唇高度受协同发音的顺向影响较小。

3. 上唇突度比较

在塞音、塞擦音和擦音的实验中，上唇突度变化比较分散而且有一定的变化。而在鼻音的实验中变化相对较小，唯一的变化主要集中在成阻段和协同发音的过程中。当到达元音/a/的目标位置后，3 个音的上唇突度基本保持一致。图 4.40 是鼻音/m/、/ȵ/和/ŋ/的上唇突度比较曲线。从图 4.40 中可以看出，成阻段 3 个音变化虽然较小，但各不相同，成阻后/ma/和/ȵa/变化比较相似，而/ŋa/稍有差别。

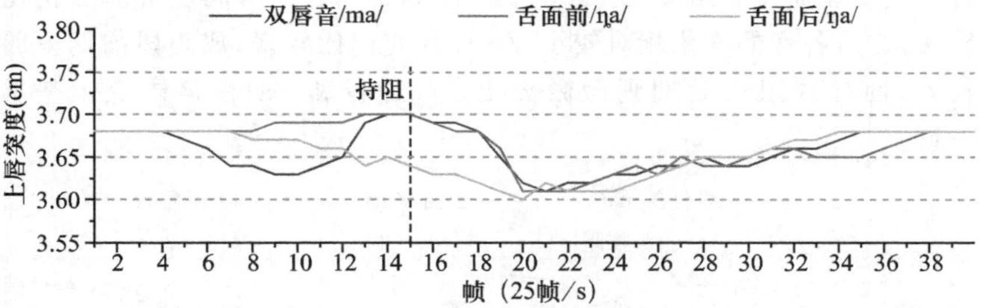

图 4.40　鼻音上唇突度比较

鼻音上唇突度成阻段各部位变化稍有不同。在 10 帧时/ma/音为 3.63 cm，/ȵa/音为 3.69 cm，而/ŋa/音已经收缩至 3.67 cm。在 13 帧时/ma/音为 3.69 cm，/ȵa/音为 3.7 cm，而/ŋa/音已经收缩至 3.64 cm。整体来看，成阻段 3 个音变化均有不同，/ȵa/音稍微高于自然状态值，而/ma/音在成阻前期低于自然状态，而在成阻后期也高于自然状态。/ŋa/音从成阻开始到协同发音，则一直表现为收紧状态，相对变化不大。在持阻开始时/ma/音和/ȵa/音均处于突起状态，而/ŋa/音则处于收紧状态。此时的/ma/音为 3.7 cm，/ȵa/音为 3.7 cm，而/ŋa/音已经收缩至 3.64 cm。在 20 帧时/ma/音为 3.62 cm，/ȵa/音为 3.61 cm，而/ŋa/音为 3.6 cm，此时的 3 个音的上唇突度几乎到了同一个位置。发音结束后 3 个音的表现基本一致，而且上唇突度受协同发音的顺向影响较小。从上述数据分析来看：成阻段/ma/音受双唇闭合的影响，有较多的变化，而其余两个音变化较小。持阻和协同发音的过程中，/ma/音和/ȵa/音的变化比较相似，而/ŋa/音一直处于收紧状态。从协同发音后3个音到达元音/a/的目标位置和发音结束后的状态来看，3个音对元音/a/的协同发音顺向影响较小。

4. 下唇突度比较

下唇突度在辅音的实验中一直是变化最多也是最大的。在鼻音的实验中，下唇突度依然变化较大。图4.41是鼻音/m/、/ȵ/和/ŋ/的下唇突度变化曲线。从图4.41中可以看出3个音在协同发音前变化比较大，之后各音的变化相对较小，/ma/音变化比较多，成阻段前期下唇收紧，而在成阻段后期则微微突出。/ȵa/音和/ŋa/音整体变化基本一致。

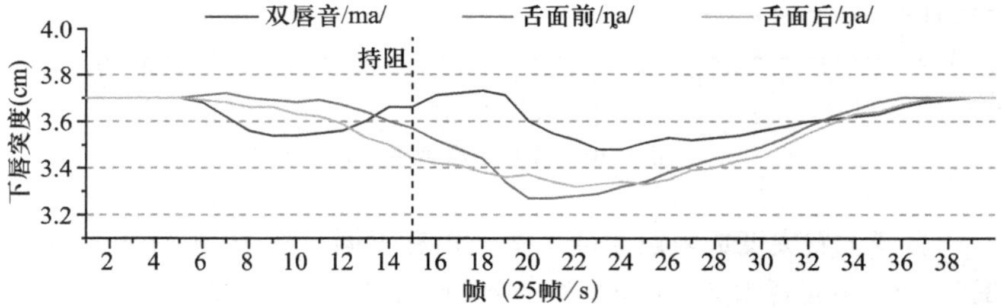

图 4.41　鼻音下唇突度比较

在8帧时双唇音/ma/为3.56 cm，舌面前音/ȵa/为3.7 cm，舌面后音/ŋa/为3.66 cm。在13帧附近/ma/音开始突起，而其余两个音的下唇突度开始大幅收紧，此时的/ma/音为3.5 cm，/ȵa/音为3.64 cm，/ŋa/音为3.53 cm。成阻后/ma/音的下唇突度与其他两个相差较大，在15帧时/ma/音为3.66 m，/ȵa/音为3.57 m，/ŋa/音为3.44 m。19帧时/ma/音为3.71 cm，/ȵa/音为3.34 cm，/ŋa/音为3.36 cm。从整体来看除阻前后3个音的下唇突度变化较大。/ma/音的最小值在24帧为3.58 cm，/ȵa/音的最小值在20帧为3.27 cm，/ŋa/音的最小值在22帧为3.32 cm。发音结束后/ma/音比较接近元音实验中/a/音的目标值范围，而/ȵa/音和/ŋa/音下唇突度值较小，距离元音实验中/a/的目标值较大。从上述数据分析来看，在发音过程中，下唇突度变化受舌位和下颌的影响比较大，且比上唇突度的变化幅度更大。从整体来看，/ma/音的变化主要集中在成阻段和协同发音的过程中，而/ȵa/音和/ŋa/音的变化主要集中在协同发音后。从协同发音后元音/a/的目标位置来看，/ȵa/音和/ŋa/音受协同发音的顺向影响较大。

5. 嘴角拉伸度比较

其他辅音的实验已经证明嘴角拉伸度和下唇突度有一定的联系。而在鼻音的实验中依然存在这种紧密的联系，从曲线图上看，鼻音的下唇突度和嘴角拉伸度表现基本一致。图 4.42 是藏语夏河话鼻音/m/、/ȵ/和/ŋ/的嘴角拉伸度变化曲线。3 个音的整体变化幅度较大，双唇音/ma/音变化相对突出，而/ȵa/音和/ŋa/音变化保持基本一致。

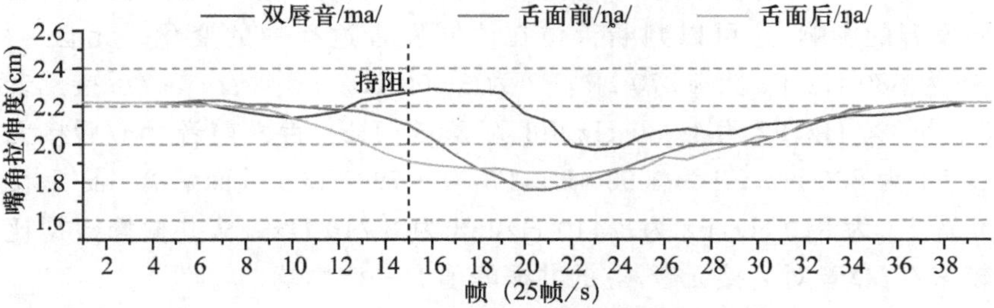

图 4.42　鼻音嘴角拉伸度比较

从图 4.42 上看，3 个音的变化主要集中于 12～24 帧，在 12 帧前 3 个音变化相对较小，此时/ma/音的嘴角拉伸度为 2.17 cm，/ȵa/音为 2.18 cm，/ŋa/音为 2.06 cm。在 14 帧时变化表现各异，双唇音/ma/嘴角向前移动，而/ȵa/音和/ŋa/音开始先后移动，此时的/ma/音为 2.25 cm，/ȵa/音为 2.14 cm，/ŋa/音为 1.95 cm。持阻时 3 个音的嘴角拉伸度分别是：/ma/音为 2.27 cm，/ȵa/音为 2.1 cm，/ŋa/音为 1.91 cm，而在除阻时/ȵa/音和/ŋa/音的变化相对较大，在 19 帧的位置/ma/音为 2.27 cm，/ȵa/音为 1.82 cm，/ŋa/音为 1.87 cm。协同发音后/ma/音的最小值在 23 帧附近，拉伸度为 1.97 cm，/ȵa/音的最小值在 20 帧附近，拉伸度为 1.76 cm，而/ŋa/音的最小值在 23 帧附近，拉伸度为 1.84 cm。发音结束后/ma/的嘴角拉伸度和元音实验中/a/的嘴角拉伸度比较接近，而/ȵa/音和/ŋa/音的拉伸度相对较大。从上述数据分析来看，在发音过程中，嘴角拉伸度的变化主要集中在有声段前后。双唇音/ma/的拉伸度变化相对较多，而/ȵa/音和/ŋa/音的嘴角拉伸度变化基本一致，但这两个音变化幅度较大。从协同发音后元音/a/的目标位置来看，/ȵa/音和/ŋa/音受协同发音的顺向影响较大。

6. 声学比较

表 4.6 是元音/a/和鼻音后接元音/a/的共振峰比较，本实验通过 F1、F2 和 F3 数据的比较，分析鼻音后接元音的共振峰值是否受到协同发音的影响，这可以判断舌位在协同发音过程中的变化。元音/a/ F1 为 880 Hz，F2 为 1 370 Hz，F3 为 3 000 Hz。双唇音/ma/后接元音 F1 为 820 Hz，F2 为 1 380 Hz，F3 为 2 850 Hz。舌面前音/ȵa/后接元音 F1 为 860 Hz，F2 为 1 500 Hz，F3 为 2 790 Hz。舌面后音/ŋa/后接元音 F1 为 810 Hz，F2 为 1 410 Hz，F3 为 2 710 Hz。从共振峰数据比较来看，鼻音对后接元音/a/的共振峰值有一定影响。

表 4.6　元音/a/和鼻音后接元音/a/的共振峰比较

语音系	国际音标	音位结构	舌位	唇形状态	F1(Hz)	F2(Hz)	F3(Hz)
元音	a	—	居中/较低	全开	880	1 370	3 000
鼻音	m	ma	适中/适中	闭拢	820	1 380	2 850
	ȵ	ȵa	靠前/适中	微开	860	1 500	2 790
	ŋ	ŋa	靠后/较高	微开	810	1 410	2 710

4.5　藏语夏河话擦音动态视位特征

擦音实验选取 2＃发音人的动态视位和音视频数据，在自然状态下各部位的视位值为：外唇宽度 5.9 cm、外唇高度 1.89 cm、上唇突度 3.68 cm，下唇突度 3.84 cm、嘴角拉伸度 2.25 cm。

藏语夏河话中共有 9 个擦音，其中/ɕ/、/ɬ/、/s/、/ʂ/、/h/、/sh/和/xh/是清擦音，/z/和/ʑ/是浊擦音，/sh/和/xh/是复辅音。在擦音的实验中，选择舌尖前清擦音/s/，舌面前清擦音/ɕ/，舌面后清擦音/xh/与后接元音/a/相拼，形成双音位 CV 结构的音节。

表 4.7　藏语夏河话擦音词

序号	1	2	3
擦音	s	ɕ	xha
藏文	ཞ	ཟ	ཤ
音标	sa	ɕa	xha
汉语释义	帽子	锁子	肉
语音结构	CV	CV	CCV
时长(s)	1.52	1.52	1.52
帧数	38	38	38
舌位	舌尖前	舌面前	舌面后

表 4.7 是塞擦音实验发音词表，本实验选取的均是双音位词汇，而且 3 个音来自不同部位。舌尖前音/s/后接元音/a/相拼为/sa/，所对应的藏文是“ཞ”（帽子）；舌面前音/ɕ/与后接元音/a/相拼为/ɕa/，所对应的藏文是“ཟ”（锁子）；舌面后音/xh/与后接元音/a/相拼为/xha/，所对应的藏文是“ཤ”（肉）；为了便于后期数据对比分析，对各数据进行了标准化处理，3 个音的时长都是 1.52 s(38 帧)。

4.5.1 擦音/s/视位特征

1. 发音方法

/s/是舌尖前清擦音。发音时舌端靠近齿龈，气流通过舌尖与上齿的空隙形成的摩擦音，声带不振动；发音时上下齿自然合拢，嘴唇微开；图 4.43 是擦音/s/的目标视位，左图和中图分别记录了目标位置唇形的正面和侧面状态，右图记录了舌头的位置。

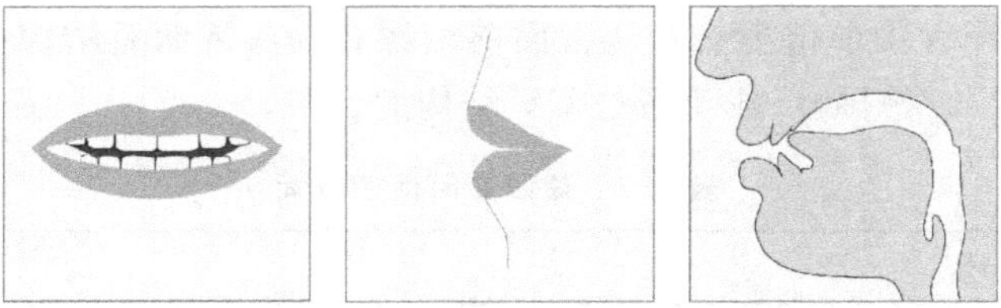

图 4.43　擦音/s/目标位置唇形和舌位示意图

2. 声学分析

图 4.44 是藏文"ས"的声波图、语谱图以及目标位置唇形视位图，由舌尖前擦音/s/和元音/a/组成双音位 CV 结构的音节，发/sa/音。音频长度 1 540 ms，对应的视位帧数为 38。声波图中显示的频率在 692～1 279 Hz 之间。在语谱图中可以看到，在 13～17 帧之间出现较明显的噪声乱纹，乱纹表现均匀，这是典型的清擦音特征，乱纹持续时长为 160 ms，从持续时间来看相对较短。从元音共振峰的数据分布来看，F1 为 630 Hz、F2 为 1 140 Hz、F3 为 2 550 Hz，共振峰分布与元音实验中/a/的共振峰表现一致。在/s/音的实验中，选取了 8 张发音人的目标视位图，分别是 4、8、13、15、17、19、24 和 36 帧。从图 4.44 来看，4 帧前唇形处于准备阶段，无变化，5～13 帧是擦音/s/的成阻段，在成阻段双唇微开，变化较小。13～17 帧是持阻段，持阻时气流通过舌尖与上齿的空隙形成的摩擦而发声，从持阻段可以看出唇形变化依然较小。

从 19 帧的目标视位图可以看出，此时的唇开口度最大，可以推测已经达到元音/a/的目标位置。从擦音后接元音/a/的唇形大小看，比塞音和塞擦音的开口度小了很多。说明元音/a/受擦音/s/的协同发音顺向影响比较大。

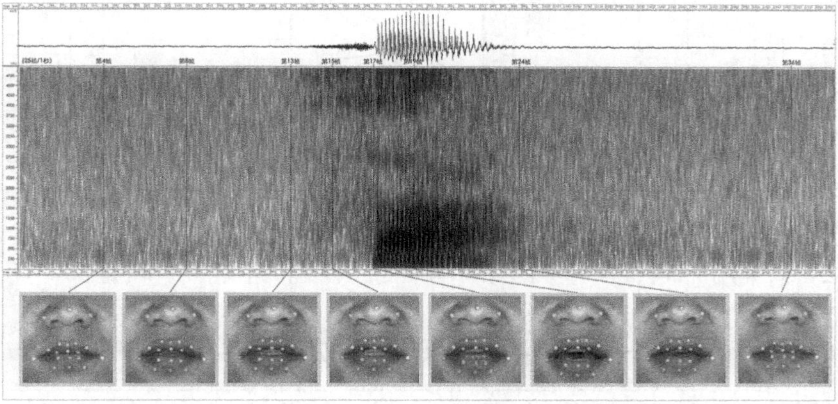

图 4.44　藏文“ས”声波图、语谱图、目标位置唇形视位图

3. 视位分析

图 4.45 是藏文“ས”的声波图及外唇宽度、外唇高度、上下唇突度和嘴角拉伸度的曲线图。声波图横向是音长，为 1.54 s，所对应的动态视位长度为 38 帧。

(1)1 段和 7 段为准备段，口型无变化。

(2)2 段为无声段，此段除下唇突度在自然状态，其余各指标均有变化，但变化幅度较小。

(3)3 段为无声段，所有部位均参与发音动作，此段是擦音/s/的成阻段。从曲线图上看各部位变化主要集中在 8～11 帧。在 8 帧附近，嘴唇微开，舌尖向上齿背移动，此时的主要变化集中在舌尖，唇形变化幅度相对较小：外唇宽度为 5.85 cm；外唇高度为 2.01 cm；上下唇突度分别为 3.66 cm 和 3.83 cm；嘴角拉伸度为 2.22 cm。11 帧附近各部位

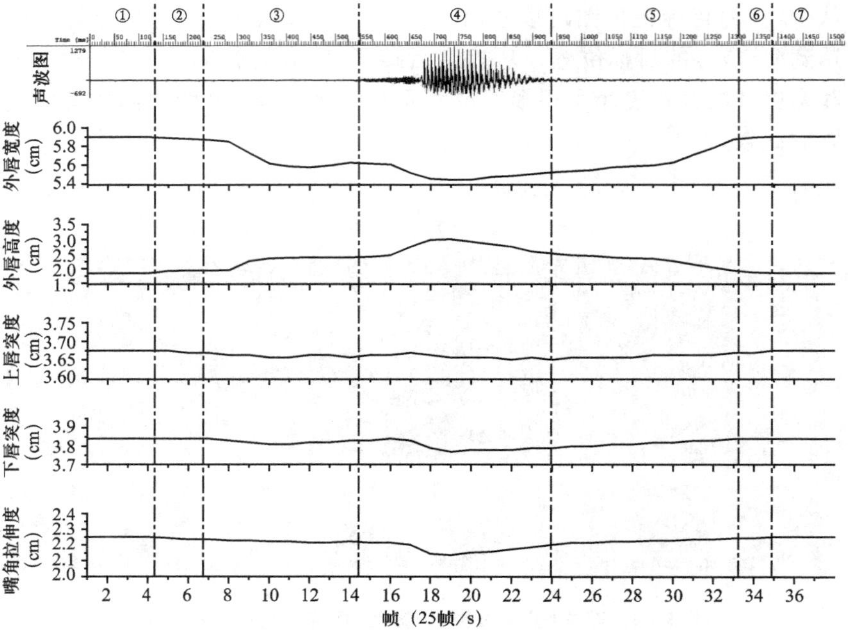

图 4.45 藏文"ཞ"的声波图及唇形参数变化

已到达目标视位值，外唇宽度为 5.59 cm；外唇高度为 2.45 cm；上下唇突度分别为 3.65 cm 和 3.81 cm；嘴角拉伸度为 2.21 cm。从整体来看，只有外唇宽度和高度稍有变化外，其余指标变化极小。实验数据变化表明，在发擦音/s/时，成阻段只有外唇宽度和外唇高度稍有变化，其他指标变化较小。

(4)4 段为有声阶段，所有部位均参与发音动作，其唇形变化跟语音性质相联系，在发擦音时各部位会在持阻段的目标位置保持一段时间，而且有较明显的噪音，所以在擦音的实验中把持阻段纳入有声段来分析。从语谱图上看，13 帧附近就出现了擦音乱纹，所以擦音/s/在 13 帧持阻开始。从 11～17 帧的数据看，各部位变化不大，在目标位置保持了较长的时间。以 13 帧的数据为例：外唇宽度为 5.6 cm；外唇高度为 2.47 cm;上下唇突度分别为 3.66 cm 和 3.82 cm;嘴角拉伸度为 2.2 cm。声波图和视位变化图说明 18 帧附近为协同发音段,19 帧为元音/a/的目标位置,此时的外唇宽度为 5.45 cm,外唇高度为 3.12 cm,上下唇突度分别为 3.65 cm 和 3.77 cm,嘴角拉伸度为 2.09 cm。

(5)5 段和 6 段为无声阶段,此段是发音结束后唇形恢复到自然状态的一个过程。从图 4.45 中的曲线来看,各个部位恢复到自然状态前变化不大,擦音后接元音/a/的各部位参数变化和元音实验中元音/a/的参数基本相似,但变化幅度较小。从整个发音动作的过程来看,有声段占整个发音过程动作段的 1/3,由于发擦音时,持阻段较长,所以有声段占比相对较多。

4.5.2　擦音/ɕ/视位特征

1. 发音方法

/ɕ/是舌面前清擦音。发音时舌端靠近齿龈,气流通过舌面前与硬腭空隙形成摩擦音,声带不振动;发音时上下齿合拢,双唇微开;图 4.46 为擦音/ɕ/的目标视位,左图和中图分别记录了目标位置唇形的正面和侧面状态,右图记录了舌头的位置。

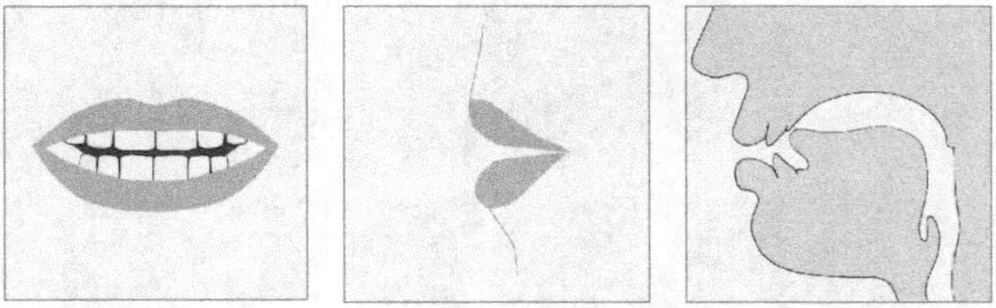

左图　　　　中图　　　　右图

图 4.46　擦音/ɕ/目标位置唇形和舌位示意图

2. 声学分析

图 4.47 是藏文“ཤ”的声波图、语谱图以及目标位置唇形视位图,由舌尖前擦音/s/和元音/a/组成双音位 CV 结构的音节,发/ɕa/音。音频长度 1 540 ms,对应的视位帧数为 38。声波图中显示的频率在 692～

1 279 Hz之间。在语谱图中可以看到，在 11～17 帧之间出现了比较明显的噪声乱纹，乱纹表现均匀，这是清擦音特征，乱纹持续时长为 220 ms，从持续时间来看相对较长。从元音共振峰的数据分布来看，F1 为 630 Hz、F2 为 1 350 Hz、F3 为 2 300 Hz，共振峰分布与元音实验中/a/的共振峰表现一致。在/ɕ/音的实验中，选取了 8 张发音人的目标视位图，分别是 4、8、11、15、17、19、23 和 36 帧。从目标视位图看，4 帧前唇形处于准备阶段无变化，6～11 帧是擦音/ɕ/的成阻段，在成阻段双唇开口度小，但比擦音/s/要稍大一些。11～17 帧是持阻段，持阻时气流通过舌面前与硬腭空隙形成摩擦而发声，持阻时的唇形变化相对较大。从 19 帧的目标视位图可以看出，此时的唇开口度最大，可以推测已经到达元音/a/的目标位置。从擦音后接元音/a/的唇形大小来看，比发/sa/音时要大一些，但是比塞音和塞擦音的开口度还是有点小，说明元音/a/受擦音/ɕ/的协同发音顺向影响比较大。

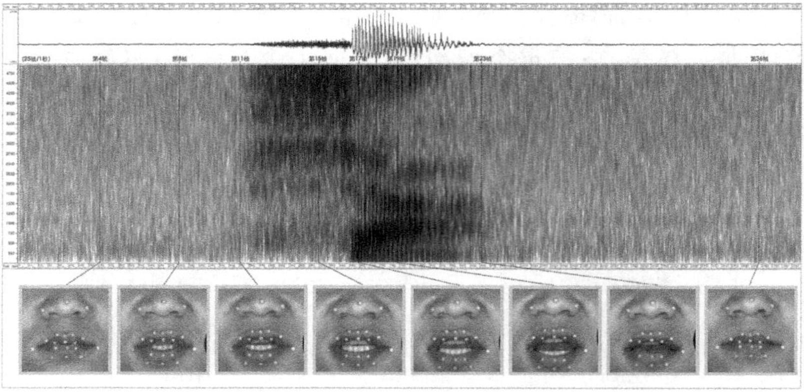

图 4.47　藏文“ཤ”声波图、语谱图、目标位置唇形视位图

3. 视位分析

图 4.48 是藏文“ཤ”的声波图及外唇宽度、外唇高度、上下唇突度和嘴角拉伸度的曲线图。

(1)1 段和 7 段为准备段，口型无变化。

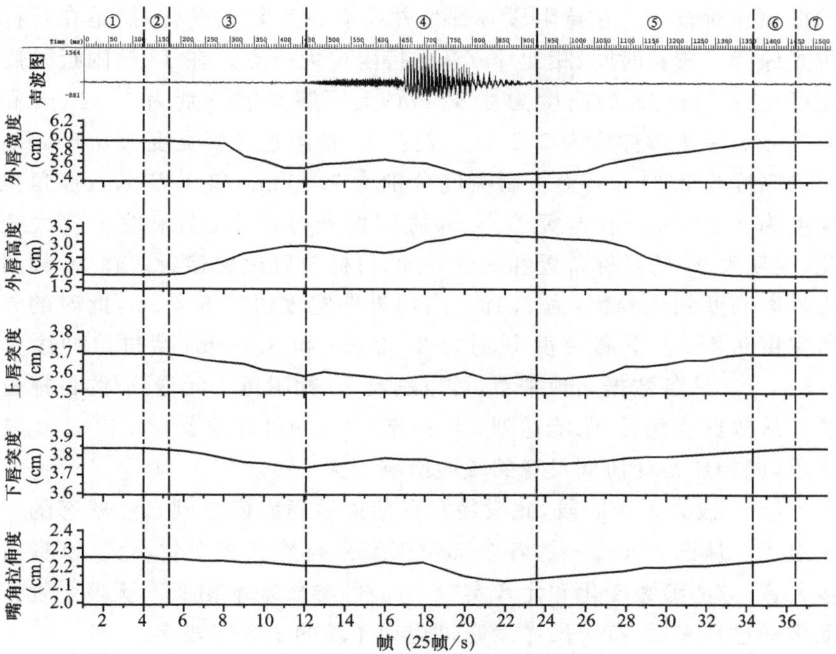

图 4.48　藏文"ཤ"的声波图及唇形参数变化

(2)2 段为无声段，除下唇突度和嘴角拉伸度有较小的变化外，其余指标均无变化。

(3)3 段为无声段，所有部位均参与发音动作，此段是擦音/ɕ/的成阻段。从曲线图上看唇形变化比/sa/音要大一些，在 6 帧附近，各部位开始变化，此时的外唇宽度为 5.88 cm；外唇高度为 1.93 cm；上下唇突度分别为 3.67 cm 和 3.83 cm；嘴角拉伸度为 2.24 cm。在 11 帧附近成阻结束，此时的唇宽度为 5.5 cm；外唇高度为 2.8 cm；上下唇突度分别为 3.59 cm 和 3.71 cm；嘴角拉伸度为 2.21 cm。在成阻段的变化分布比较均匀，而且变化较小。

(4)4 段为有声阶段，所有部位均参与发音动作，其唇形变化跟语音性质相联系。从图 4.48 中可看到/ɕa/音的持阻用时较长，而且声波的振幅相对较大。在持阻段各部位并没有发生较大变化，而是在目标位置保持了较长时间，相比/sa/音的持阻要大一点。在12帧附近外唇宽度为5.5 cm；外唇高度为2.82 cm；上下唇突度分别为3.57 cm和3.68 cm；嘴角拉伸度为2.2 cm。但在16帧附近外唇宽度为5.62 cm；外唇高度为2.61 cm；上下唇突度分别为3.56 cm和3.77 cm；嘴角拉伸度为2.22 cm。在与元音/a/的协同发音过程中，也未发生较大变化，说明发/ɕ/的目标位置和元音/a/的目标位置比较接近。在20帧附近外唇高度到达峰值，为3.19 cm；而外唇宽度值为5.4 cm，此时的外唇宽度最窄；上下唇突度分别为3.59 cm和3.7 cm；嘴角拉伸度为2.12 cm。从各数据表现来看，可以确定20帧附近为元音/a/的目标位置。从数据表现看，未能达到2＃发音人/a/的目标位置，/ɕ/和/s/比较接近，同样还是受协同发音的顺向影响较大。

(5)5段为无声阶段，此段是发音结束后嘴唇恢复到自然状态的一个过程。从图4.48来看，各个部位恢复到自然状态变化不大，擦音后接元音/a/的参数变化和元音实验中/a/的参数基本相似。从整个发音动作的过程来看，有声段占发音过程动作段的1/3还要多。

4.5.3 擦音/xh/视位特征

1. 发音方法

/xh/是舌面后清擦音。发音时舌面后部抬高，与软腭微闭后留一条空隙，气流通过舌面后部与软腭空隙时发生摩擦音，声带不振动；发音时上下齿微开，双唇半开；图4.49为擦音/xh/的目标视位，左图和中图分别记录了目标位置唇形的正面和侧面状态，右图记录了舌头的位置。

2. 声学分析

图4.50是藏文“ཧ”的声波图、语谱图以及目标位置唇形视位图，由舌面后擦音/xh/和元音/a/组成双音位CCV结构的音节，发/xha/音。音频长度1 540 ms，对应的视位帧数为38。声波图中显示的频率在1 020～1 904 Hz之间。在图4.50可以看到，在15～19帧之间出现了比较明显

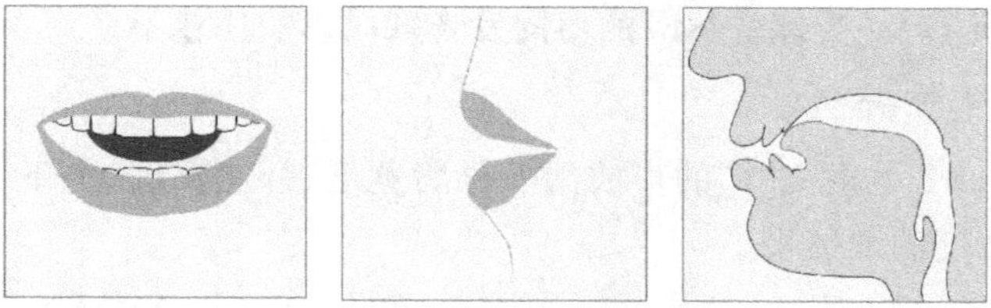

左图　　中图　　右图

图 4.49　擦音/xh/目标位置唇形和舌位示意图

的噪声乱纹，乱纹表现不均匀，而且出现了横杆，这是清擦音特征，乱纹持续时长为 150 ms，是 3 个音中最短的。从元音共振峰的数据分布来看，F1 为 700 Hz、F2 为 1 150 Hz、F3 为 2 430 Hz，共振峰分布与元音实验中/a/的共振峰表现一致。在/xh/音的实验中，选取了 8 张发音人的目标视位图，分别是 4、6、11、15、17、19、25 和 36 帧。从目标视位图看，4 帧前唇形处于准备阶段无变化。5～15 帧是擦音/xh/的成阻段，在成阻时双唇开口度比较大，而且是 3 个擦音中最大的。11～17 帧是持阻段，持阻时气流通过舌面前与硬腭空隙形成摩擦而发声。从 19 帧的目标视位图可以看出，此时的唇开口度最大，可以推测已经到达元音/a/的目标位置。从擦音后接元音/a/的唇形大小来看，比发/sa/和/ɕa/音时要大很

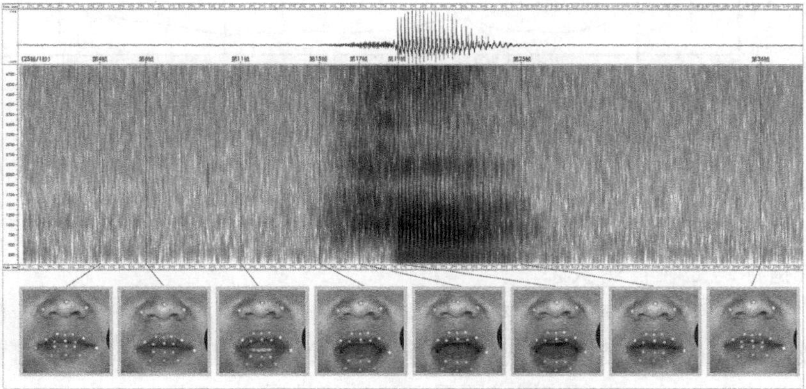

图 4.50　藏文"ཧ"声波图、语谱图、目标位置唇形视位图

多,说明元音/a/受擦音/xh/的协同发音顺向影响比较小。

3. 视位分析

图 4.51 是藏文"ཤ"的声波图及外唇宽度、外唇高度、上下唇突度和嘴角拉伸度的曲线图。

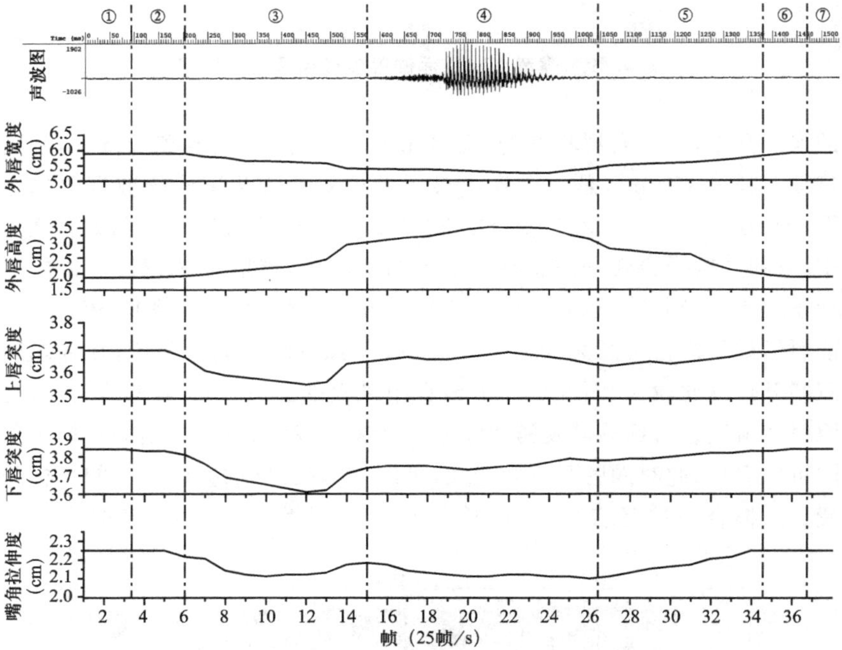

图 4.51 藏文"ཤ"的声波图及唇形参数变化

(1)1 段和 7 段为准备段,口型无变化。

(2)2 段为无声段,除了下唇突度和外唇宽度有较小的变化外,其余指标均处在自然状态。

(3)3 段为无声段,所有部位均参与发音动作,此段是擦音/xh/的成阻段。从曲线图上看各部位变化较大,变化范围主要集中在成阻前期和持阻附近。成阻前期主要受舌位后移的影响,双唇自然张开,上下唇突度和嘴角拉伸度均向后收紧且变化较大。在 5 帧时各部位均接近自然状态值，在 8 帧时外唇宽度为 5.76 cm、外唇高度为 2.11 cm、上唇突度为 3.57 cm、下唇突度为 3.77 cm、嘴角拉伸度为 2.15 cm。在 12 帧附近上下唇突度收缩至最小值，分别为 3.53 cm 和 3.7 cm，而嘴角拉伸度向后收缩至 2.13 cm。在 15 帧附近为持阻段，随着气流的呼出，各部位表现变化较大，此时的外唇宽度为 5.38 cm、外唇高度为 3.18 cm、上唇突度为 3.63 cm、下唇突度为 3.75 cm、嘴角拉伸度为 2.19 cm。

(4)4 段为有声阶段，所有部位均参与发音动作，其唇形变化跟语音性质相联系。从声波图中可以看到/xh/音持阻用时 150 ms，是 3 个音中最短的。在持阻段各部位变化较小，同样在目标位置保持了较长时间。在持阻段的 17 帧附近，外唇宽度为 5.36 cm；外唇高度为 3.35 cm；上下唇突度分别为 3.65 cm 和 3.76 cm；嘴角拉伸度为 2.15 cm。除阻后 19 帧为元音/a/的目标位置，此时的外唇宽度为 5.34 cm；外唇高度为 3.53 cm；上下唇突度分别为 3.64 cm 和 3.73 cm；嘴角拉伸度为 2.13 cm。17 帧和 19 帧的协同发音过程中唇形视位并没有发生较大的变化，说明擦音/xh/和元音/a/的目标视位比较接近。另外，从元音/a/的目标位置看，元音的各部位和 2＃发音人在元音实验中/a/音的目标视位比较接近，所以在协同发音过程中/xh/对元音/a/的顺向影响较小。

(5)5 段为无声阶段，此段是发音结束后唇形恢复到自然状态的一个过程。从曲线图来看，各个部位恢复到自然状态变化不大，擦音后接元音/a/的参数变化和元音实验中/a/音的参数基本相似，而且变化幅度是 3 个音最大的。从整个发音动作的过程来看，有声段占发音动作段的 1/3。

4.5.4　擦音动态视位比较

在擦音的动态视位比较实验中，把舌尖前音/s/、舌面前音/ɕ/和舌面后音/xh/进行比较。在视位比较中首先将各部位进行标准化处理，以擦音的持阻开始点作为中心对齐，这样便于观察成阻段、持阻乱纹时长和除阻段的变化情况。在擦音声学比较中，主要对 2＃发音人在元音实验中/a/音的共振峰值和擦音后接元音/a/的共振峰值进行比较。

1. 外唇宽度比较

外唇宽度在塞音的实验中变化主要集中在成阻段，整体变化相对较小。在塞擦音的实验中变化依然较小。图 4.52 是藏语夏河话擦音/s/、/ɕ/和/xh/与元音/a/相拼时的外唇宽度曲线。通过数据处理，3 个擦音的持阻段开始点被定在 15 帧的位置。从图 4.52 的曲线中可发现 3 个音的外唇宽度在整体变化中有一定的区别，但变化幅度不大。

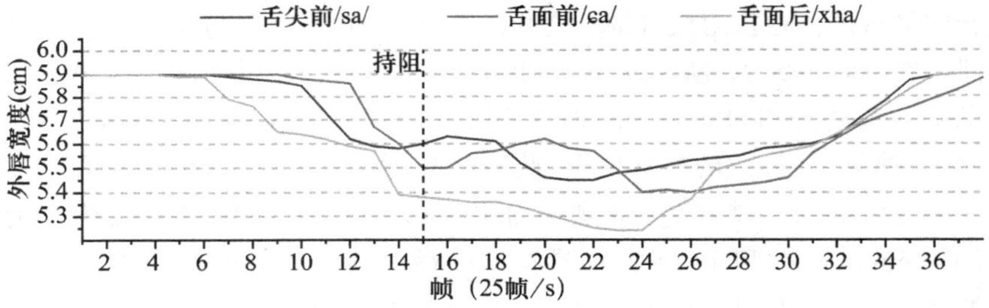

图 4.52　擦音外唇宽度比较

从擦音外唇宽度比较来看，/sa/音从 7 帧的位置开始变化，/ɕa/音在 9 帧附近，而/xha/音在 5 帧附近。在第 9 帧时/sa/音的值为 5.87 cm；/ɕa/音为 5.9 cm；/xha/音为 5.65 cm；此时的变化主要是各部位成阻的过程。在成阻后期的 13 帧附近，3 个音的外唇宽度比较接近，但在 15 帧成阻完成时，又有一定的差异，此时的/sa/音为 5.6 cm；/ɕa/音为 5.5 cm；而/xha/音为 5.38 cm。持阻段 3 个音的持阻长度各不一样：/sa/音在 19 帧附近结束，外唇宽度为 5.45 cm，持阻用时约 160 ms；/ɕa/音在 21 帧附近结束，外唇宽度为 5.41 cm，持阻用时约 220 ms，是 3 个音用时最长的；/xha/音在 18 帧附近结束，外唇宽度为 5.36 cm，用时约 150 ms，是 3 个音中最短的。除阻结束后，3 个音到达元音/a/的最小目标位置为：/sa/音在 21 帧附近，为 5.45 cm；/ɕa/音在 24 帧附近，为 5.4 cm；/xha/音在 23 帧附近，为 5.24 cm。从外唇宽度的比较来看，/xha/音比较接近2#发音人在元音实验中外唇宽度值，其余2个音相差较大。从擦音外唇宽度的比较中得到：①从3个音的成阻段变化来看，/xha/音的变化有别于其他两个音，主要原因是发此音时舌头整体后移，而造成双唇张开，所以外唇宽收窄；②擦音/xh/和元音/a/的目标位置比较相似，所以在协同发音中顺向影响不大；③/sa/音和/ɕa/音在协同发音时有较大变化，而且在除阻后受擦音协同发音的顺向影响，两个音后接元音/a/的外唇宽度相对较大。

2. 外唇高度比较

在塞音的实验中外唇高度受发音部位的影响，在成阻段的变化分布不一致，协同发音后外唇高度受塞音的顺向影响不大。在塞擦音实验中，虽然变化也集中在成阻段，但相对较小，持阻时在目标值保持了一段时间，协同发音后外唇高度受塞擦音的顺向影响不大。图4.53是擦音外唇高度曲线比较，从中可以看出持阻后3个音的变化较大，舌面后音/xha/的外唇高度最大，而舌尖前音/sa/和舌面前音/ɕa/变化较接近。发音结束后/sa/音和/ɕa/音外唇高度并没有到达元音/a/的最大目标位置。

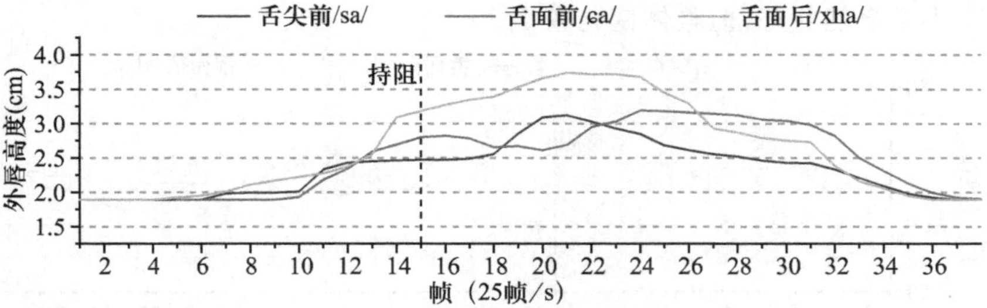

图4.53 擦音外唇高度比较

从擦音外唇高度比较看，13帧前3个音的变化比较相似，而在持阻附近开始发生较大变化，在15帧时/sa/音的值为2.47 cm；/ɕa/音为2.8 cm；/xha/音为3.18 cm；从数据看/sa/音在持阻时唇开口度最小，/xha/音的开口度最大。/sa/音在12～18帧之间，在目标位置保持了较长时间，而/ɕa/音和/xha/音在此阶段有一点变化。在协同发音的过程中3个音的外唇高度差距更大，以20帧的数据为例：/sa/音的值为3.09 cm；/ɕa/音的值为2.61 cm；/xha/音的值为3.66 cm；从数据看/xha/音依然是开口度最大的。上述数据分析表明：在唇高度的比较中，/xha/音虽然有一定的变化但幅度较小。而/sa/音和/ɕa/音变化相对较大。当恢复到元音/a/的最大目标位置时，/sa/音高度为3.12 cm；/ɕa/音高度为3.19 cm；/xha/音高度为3.74 cm。擦音外唇高度比较后表明，/xha/音在发音过程中，/xh/音和元音/a/的目标高度比较接近，而且外唇高度是3个音中最大的。在协同发音过程中元音/a/的外唇高度受擦音/xh/的顺向影响小，而擦音/sa/和/ɕa/在协同发音过程中对元音/a/的顺向影响较大。

3. 上唇突度比较

在塞音实验中上唇突度变化比较大，主要变化集中在成阻段和协同发音的位置。而在塞擦音的实验中主要变化在成阻段和协同发音之后的位置。图4.54是擦音/s/、/ɕ/和/xh/的上唇突度比较曲线，从中可以看出成阻段/xha/与/sa/和/ɕa/变化差别较大，舌尖音/sa/虽然一直小于自然状态，但整体变化较小。

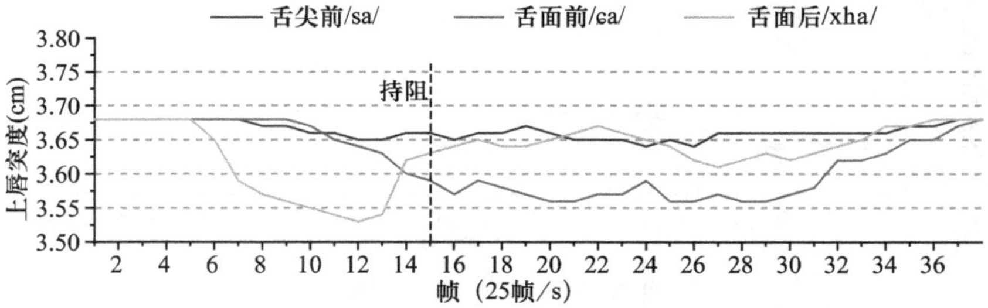

图4.54 擦音上唇突度比较

擦音上唇突度成阻段/xha/音相对变化较大，在5帧前各部位还在自然状态，而在10帧时/sa/音为3.66 cm，/ɕa/音为3.67 cm，而/xha/音已经收缩至3.55 cm。在12帧附近/xha/音的上唇突度达到最小值,为 3.53 cm。在成阻段/xha/音有别于其他两个音的主要原因是舌位整体向后移动。在持阻时/sa/音为 3.66 cm,/ɕa/音为 3.59 cm,/xha/音为 3.63 cm。协同发音在 19 帧附近,整体来看协同发音对上唇突度有一定影响。发音结束后各部均保持在目标位置,变化较小,在 22 帧时/sa/音为 3.65 cm,/ɕa/音为 3.57 cm,/xha/音为 3.67 cm,而在 30 帧附近/sa/音为 3.66 cm,/ɕa/音为 3.57 cm,/xha/音为 3.62 cm。擦音上唇突度比较表明:成阻段/xha/音受舌位的影响,上唇突度收缩较大,而/sa/音和/ɕa/音的变化比较相似。协同发音后/ɕa/音的上唇突度较小,而/sa/音和/xha/音的唇突度在自然状态附近,离/a/音的目标值差距比较大,说明这两个音受协同发音的顺向影响较大。

4. 下唇突度比较

在塞音和塞擦音的实验中,下唇突度的变化较大,主要原因是下唇突度和舌位、下颌运动有直接关系,而在这两个实验中舌位和下颌的变化比较多,所以下唇突度也有比较大的变化。图 4.55 是擦音/s/、/ɕ/和/xh/的下唇突度变化曲线,从中可以看出 3 个音在协同发音前变化比较大,之后各音的变化相对较小。

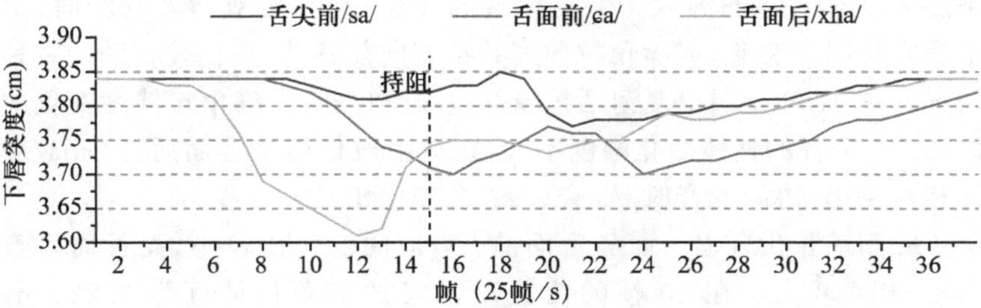

图 4.55　擦音下唇突度比较

擦音下唇突度成阻段依然是舌面后音/xha/变化最大,而且 3 个音的变化和上唇突度比较相似。在 10 帧的位置,舌尖前音/sa/的下唇突度为 3.83 cm,舌面前音/ɕa/的突度为 3.82 cm,从数据看这两个音接近自然状态。而舌面后音/xha/的值为 3.65 cm,下唇突度收缩比较大。在12帧附近/xha/的下唇突度到达最小值为3.61 cm，此时主要受舌根向后移动影响带动口轮匝肌收紧，造成了下唇突度收缩现象。15帧为3个音的持阻开始位置，/sa/音为3.82 cm，/ɕa/音为3.71 cm，/xha/音为3.74 cm。18～21帧为3个音的协同发音段，在18帧时/sa/音为3.85 cm，/ɕa/音为3.73 cm，/xha/音为3.75 cm。而在21帧时/sa/音为3.77 cm，/ɕa/音为3.76 cm，/xha/音为3.74 cm。以18帧和21帧的数据比较来看，3个音虽然有一定的变化，但变化幅度相对较小。发音结束后/ɕa/音比较接近元音/a/的目标值范围，而/sa/音和/xha/音的变化受协同发音的影响较大。擦音下唇突度比较说明：在发音过程中下唇突度变化受舌位和下颌影响比较大，而且相比上唇突度变化幅度更大。整体来看/xha/音的变化主要集中在成阻段，/ɕa/音的变化主要集中在持阻前后，/sa/音的整体变化较小。从发音结束后到恢复自然状态的数据来看，/sa/音和/xha/音受擦音协同发音的顺向影响较大。

5. 嘴角拉伸度比较

在元音和塞擦音的实验中，嘴角拉伸度在发音过程中的变化和上下唇突度有一定的关联。但在塞音的实验中，在发双唇音/ph/时，上下唇在持阻时突起，但嘴角拉伸度并没有向前移动，是比较特殊的一种情况。图4.56是藏语夏河话擦音/s/、/ɕ/和/xh/的嘴角拉伸度变化曲线图。3个音的整体变化幅度不大，在成阻段依然是舌面后音/xha/变化相对突出，协同发音时/sa音、/ɕa/音变化相对大一些。

除阻前舌尖前音/sa/和舌面前音/ɕa/的变化比较小，而舌面后音/xha/相对较大。在10帧的位置，/sa/音的嘴角拉伸度为2.22 cm，/ɕa/音的值为2.24 cm，这两个音略低于自然状态，而/xha/音的值为2.12 cm，嘴角拉伸度值最小。15帧为3个音的持阻开始位置，/sa/音为2.2 cm，/ɕa/音为2.21 cm，/xha/音为2.19 cm，从数据来看3个音的嘴角拉伸度均集中在2.2 cm附近。18～21帧为3个音的协同发音段，在18帧时/sa/音为2.2 cm，/ɕa/音为2.19 cm，/xha/音为2.14 cm。而在21帧时/sa/音为2.09 cm，/ɕa/音为2.21 cm，/xha/音为2.12 cm。

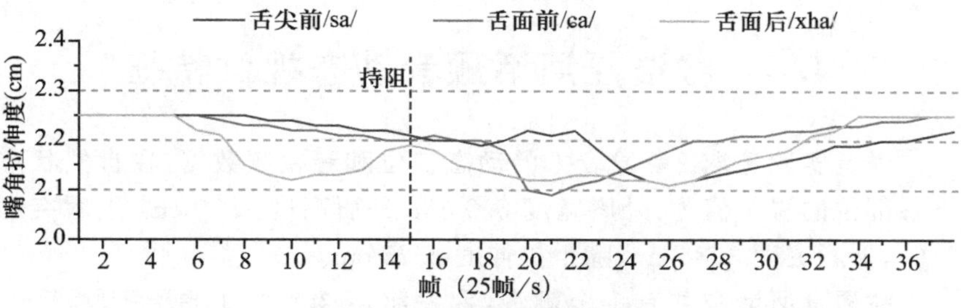

图 4.56 擦音嘴角拉伸度比较

以 18 帧和 21 帧比较来看,虽然有一定的变化,但幅度相对较小。发音结束后/ɕa/音和/xha/音比较接近元音/a/的目标位置的变化范围,而/sa/音的变化受协同发音的影响较大。擦音嘴角拉伸度的比较表明:/xha/音变化主要集中在成阻段,/sa/音和/ɕa/音的变化主要集中在协同发音的过程中,而/sa/音受协同发音的影响相对较大。

6. 声学比较

表 4.8 是元音/a/和擦音后接元音/a/的共振峰比较,本实验通过 F1、F2 和 F3 数据的比较,分析擦音后接元音的共振峰值是否受到协同发音的影响,这可以判断舌位在协同发音过程中的影响。元音/a/F1 为 720 Hz,F2 为 1 200 Hz,F3 为 2 460 Hz。舌尖前音/sa/后接元音 F1 为 630 Hz,F2 为 1 140 Hz,F3 为 2 550 Hz。舌面前音/ɕa/后接元音 F1 为 630 Hz,F2 为 1 350 Hz,F3 为 2 300 Hz。舌面前音/xha/后接元音 F1 为 700 Hz,F2 为 1 150 Hz,F3 为 2 430 Hz。从共振峰数据比较来看,擦音对后接元音/a/的共振峰值有一定影响。

表 4.8 元音/a/和擦音后接元音/a/的共振峰比较

语音系	国际音标	音位结构	舌位	唇形状态	F1(Hz)	F2(Hz)	F3(Hz)
元音	a	—	居中/较低	全开	720	1 200	2 460
擦音	s	sa	靠前/较低	微开	630	1 140	2 550
	ɕ	ɕa	靠前/适中	微开	630	1 350	2 300
	xh	xha	靠前/较高	微开	700	1 150	2 430

4.6 藏语夏河话颤音动态视位特征

颤音实验选取 2＃发音人的动态视位和音视频数据，在自然状态下各部位的视位值为：外唇宽度 5.9 cm、外唇高度 1.89 cm、上唇突度 3.68，下唇突度 3.84 cm、嘴角拉伸度 2.25 cm。

藏语夏河话中共有 1 个颤音，舌尖前浊音/r/，在实验中与后接元音/a/相拼，形成双音位 CV 结构的音节/ra/。在颤音实验中只有一个音，所以不进行动态视位比较分析。

表 4.9 是颤音实验发音词，其中，/ra/所对应的藏文是“སྒར”（篱笆），为了便于后期数据对比分析，对数据进行了标准化处理，音频长度是 1.52 s，所对应的动态视位长度为 38 帧。

表 4.9 藏语夏河话颤音词

序号	1
颤音	r
藏文	སྒར
音标	ra
汉语释义	篱笆
语音结构	CV
时长(s)	1.52
帧数	38
舌位	舌尖前

4.6.1 颤音/r/视位特征

1. 发音方法

/r/是舌尖前浊颤音。发音时舌尖向上硬齿龈后部卷起，舌两侧稍微收拢；双唇略张开；气流通过舌尖和齿龈形成轻微摩擦，发音时声带振动；图 4.57 是颤音/r/的目标视位，左图和中图分别记录了目标位置唇形的正面和侧面状态，右图记录了舌头的位置。

2. 声学分析

图 4.58 是藏文“སྒར”的声波图、语谱图以及目标位置唇形视位图。“སྒར”的发音由舌尖前浊颤音/r/和元音/a/组成，是双音位 CV 结构的音节，发/ra/音。音频长度 1 540 ms，对应的视位帧数为 38。声波图中显示的频率在 1 573～3 657 Hz 之间。在语谱图中可以看到，在 13～19 帧之

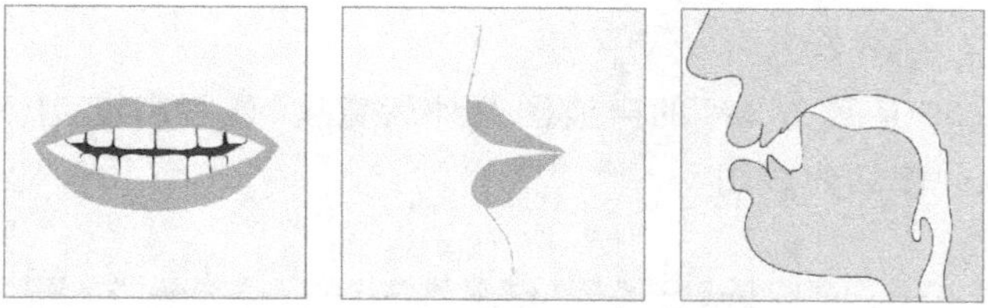

图 4.57　颤音/s/目标位置唇形和舌位示意图

间出现明显的纹样，是颤音/r/的纹样表现，纹样持续时长为 240 ms。从元音共振峰的数据分布来看，F1 为 730 Hz、F2 为 1 270 Hz、F3 为 2 270 Hz，共振峰分布与元音实验中/a/的共振峰表现一致。在/r/音的实验中，选取了 8 张发音人的目标视位图，分别是 4、10、13、17、19、21、25 和 36 帧。从目标视位图看，4 帧前唇形处于准备阶段无变化，5～13 帧是颤音/r/的成阻段，在成阻段双唇微开，舌尖向上硬齿龈后部卷起，舌两侧稍微收拢。14～19 帧是持阻段，持阻时气流通过舌尖和齿龈形成轻微摩擦，发音时声带振动。从 19～21 帧的目标视位图可以看出，此时的唇开口度最大，可以推测已经达到元音/a/的目标位置。从颤音后接元音/a/的唇形大小看，元音/a/受颤音/r/协同发音顺向的影响较小。

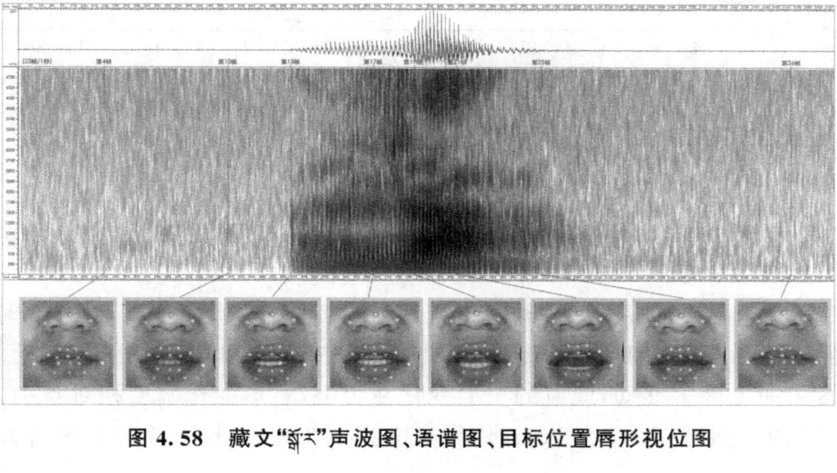

图 4.58　藏文"རྔར"声波图、语谱图、目标位置唇形视位图

3. 视位分析

图 4.59 是藏文“[藏文]”的声波图及外唇宽度、外唇高度、上下唇突度和嘴角拉伸度的曲线图。

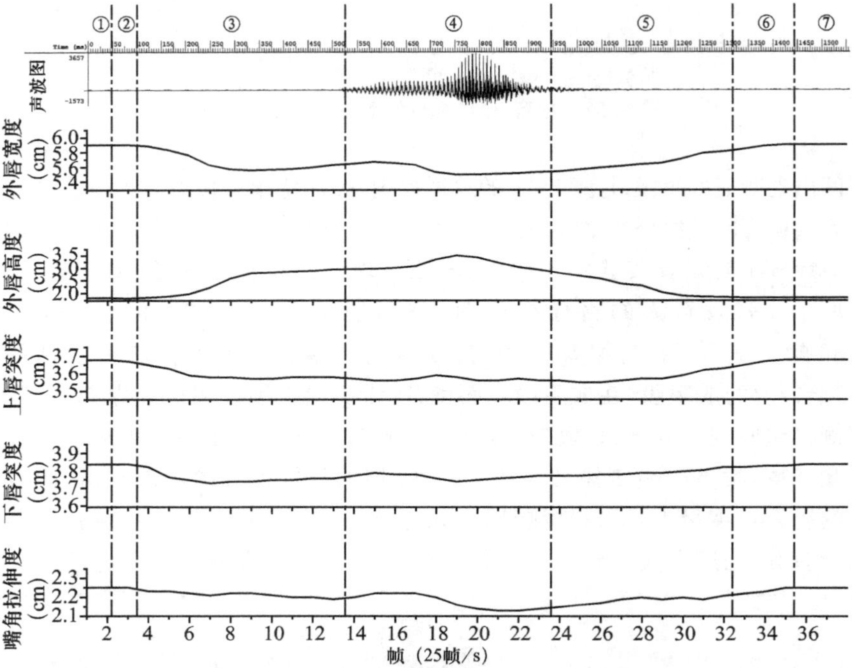

图 4.59 藏文“[藏文]”的声波图及唇形参数变化

(1)1 段和 7 段为准备段,口型无变化。

(2)2 段为无声段,此段除上唇突度有较小的变化外,其余各指标均在自然状态。

(3)3 段为无声段,所有部位均参与发音动作,此段是颤音/r/的成阻段。从曲线图上看,各部位变化主要集中在 4～8 帧。在 4 帧附近,舌尖向上硬腭移动,此时的主要变化在舌尖,唇形变化幅度相对较小。4 帧时外唇宽度为 5.88 cm;外唇高度为 1.91 cm;上下唇突度分别为

3.65 cm 和 3.82 cm；嘴角拉伸度为 2.23 cm。在 8 帧附近外唇宽度为 5.5 cm；外唇高度为 2.69 cm；上下唇突度分别为 3.58 cm 和 3.72 cm；嘴角拉伸度为 2.22 cm。从 9 帧到 13 帧之间各部位变化较小。从实验数据分析中发现，在发颤音/r/时，成阻段的变化主要集中在舌头向上硬腭移动的过程，同时也带动唇形发生变化，成阻后期各部位相对变化较小。

(4)4 段为有声阶段，所有部位均参与发音动作，其唇形变化跟语音性质相联系，发颤音时各部位在成阻后期和持阻段会在目标位置保持一段时间。在/r/音持阻时有明显的声波振幅，所以在颤音的实验中把持阻段纳入有声段来分析。从语谱图上看 13 帧附近就出现了颤音纹样，所以颤音/r/的持阻从 13 帧就开始了。有声段的变化主要集中在除阻前后，除阻前的 17 帧外唇宽度为 5.57 cm；外唇高度为 3.18 cm；上下唇突度分别为 3.57 cm 和 3.77 cm；嘴角拉伸度为 2.22 cm。除阻后在 20 帧附近，此时为元音/a/的目标位置，外唇宽度为 5.41 cm；外唇高度为 3.54 cm；上下唇突度分别为 3.56 cm 和 3.73 cm；嘴角拉伸度为 2.13 cm。从有声段的数据来看，变化主要集中在协同发音的过程中，其中外唇高度和外唇宽度变化较大。

(5)5 段和 6 段为无声阶段，此段是发音结束后唇形恢复到自然状态的一个过程。从图 4.59 的曲线来看，各个部位恢复到自然状态前变化不大，颤音后接元音/a/的各部位参数变化和元音实验中元音/a/的参数基本相似，但变化幅度较小。从整个发音动作的过程看，有声段占整个发音过程动作段的 1/3。由于在发颤音时持阻段较长，所以有声段占比相对较多。

4.7　藏语夏河话边音动态视位特征

边音实验选取 2＃发音人的动态视位和音视频数据，在自然状态下各部位的视位值为：外唇宽度 5.9 cm、外唇高度 1.89 cm、上唇突度 3.68 cm，下唇突度 3.84 cm、嘴角拉伸度 2.25 cm。

藏语夏河话中共有 1 个边音，舌尖中浊音/ɬ/，在实验中与后接元音/a/相拼，形成双音位 CV 结构的音节/ɬa/。边音实验中因只有一个音，所以不进行动态视位比较分析。

表 4.10 是边音实验发音词，其中/ɬa/所对应的藏文是“ལ”（蜡烛），为了便于后期数据对比分析，对数据进行了标准化处理，音频长度是 1.52 s，所对应的动态视位长度为 38 帧。

表 4.10　藏语夏河话边音词

序号	1
边音	ɬ
藏文	ལ
音标	ɬa
汉语释义	蜡烛
语音结构	CV
时长(s)	1.52
帧数	38
舌位	舌尖中

4.7.1　边音/ɬ/视位特征

1. 发音方法

/ɬ/是舌尖中浊边音。发音时舌尖紧贴上齿龈，舌前部抬起靠近硬腭；双唇略张开，牙齿自然张开；气流从舌的两侧泄出，发音时声带振动；图 4.60 是边音/ɬ/的目标视位，左图和中图分别记录了目标位置唇形的正面和侧面状态，右图记录了舌头的位置。

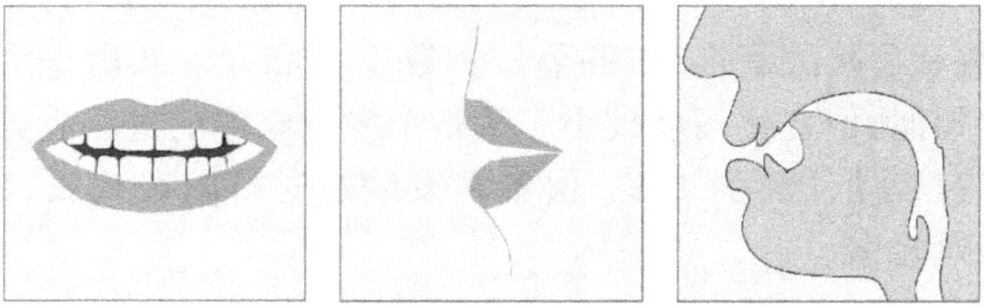

左图　　中图　　右图

图 4.60　边音/ɬ/目标位置唇形和舌位示意图

2. 声学分析

图 4.61 是藏文“ལ”的声波图、语谱图以及目标位置唇形视位图，由舌尖中边音/ɬ/和元音/a/组成双音位 CV 结构的音节，发/ɬa/音。音频长

度 1 540 ms，对应的视位帧数为 38。图 4.61 的声波图中显示的频率在 1 493～2 730 Hz 之间。在图 4.61 的语谱图中可以看到，在 15～18 帧之间出现较明显的横杆，表现为边音的特征，持续时长为 120 ms，从持续时间来看相对较短。从元音共振峰的数据分布来看，F1 为 750 Hz、F2 为 1 140 Hz、F3 为 2 500 Hz，共振峰分布与元音实验中/a/音的共振峰表现一致。在/ɬ/音的实验中，选取了 8 张发音人的目标视位图，分别是 3、9、15、18、20、22、25 和 36 帧。从目标视位图看，3 帧前唇形处于准备阶段，无变化，4～14 帧是边音/ɬ/的成阻段，在成阻段双唇微开，舌前部抬起靠近硬腭，从目标视位图可以清楚地看到舌头的变化。15～18 帧是持阻段，持阻时气流从舌的两侧泄出，从持阻段的目标视位图可以看到舌尖依然靠近硬腭。19 帧附近为协同发音的过程，舌头离开硬腭转向发元音/a/的目标位置，从 18 帧和 20 帧的目标视位图上能清楚地看到舌头的变化。从 20 帧附近的开口度可以推测，此时已经到达元音/a/的目标位置。从边音后接元音/a/的唇形大小看，比颤音/r/的要小一些，说明元音/a/受边音/ɬ/的协同发音顺向影响适中。

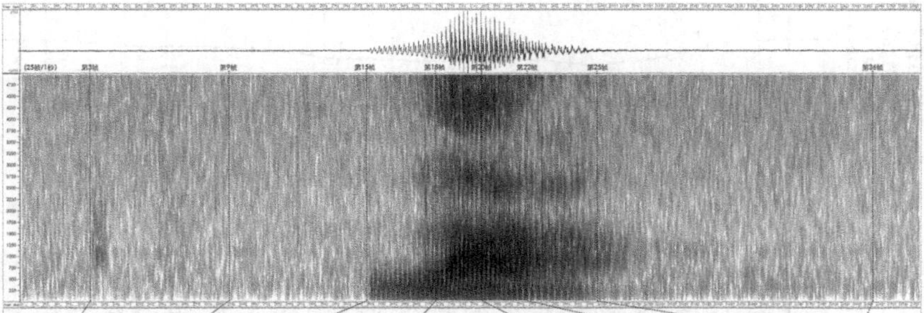

图 4.61　藏文“ལ”声波图、语谱图、目标位置唇形视位图

3. 视位分析

图 4.62 是藏文“ལ”的声波图及外唇宽度、外唇高度、上下唇突度和

嘴角拉伸度的曲线图。

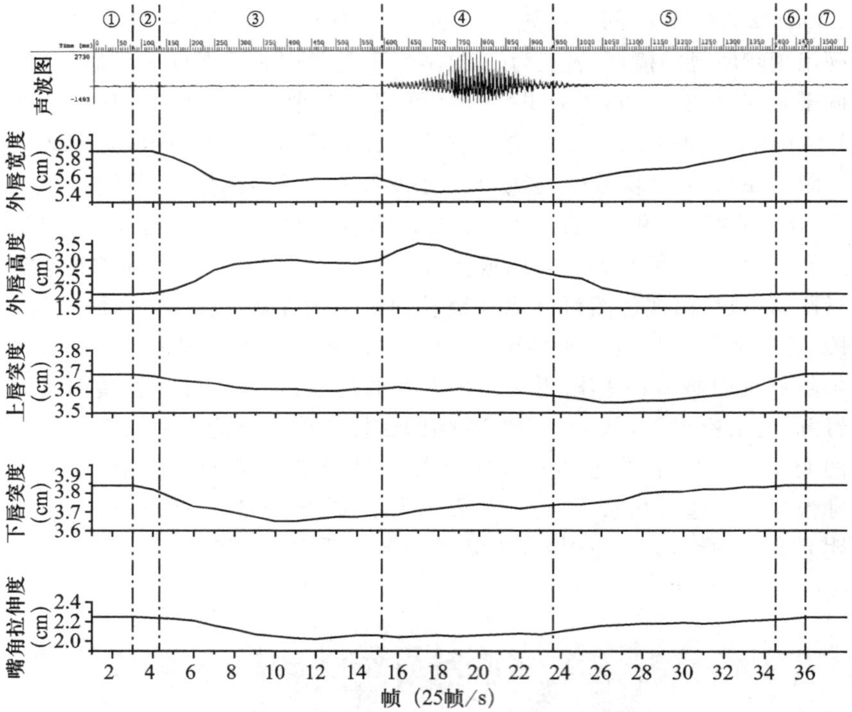

图 4.62　藏文“ལ”的声波图及唇形参数变化

(1)1 段和 7 段为准备段,口型无变化。

(2)2 段为无声段,此段除外唇宽度在自然状态外,其余各指标均有变化,但变化幅度较小。

(3)3 段为无声段,所有部位均参与发音动作,此段是边音/ɬ/的成阻段。从曲线图上看各部位变化主要集中在 4～9 帧,主要原因是舌尖向硬腭移动,舌面前面抬起的动作带动唇形变化。在 4 帧时外唇宽度为 5.9 cm;外唇高度为 1.92 cm;上下唇突度分别为 3.67 cm 和 3.82 cm;嘴角拉伸度为 2.24 cm;各部位变化比较小。而在 9 帧附近外唇宽度为 5.54 cm;外唇高度为 2.82 cm;上下唇突度分别为 3.6 cm 和 3.69 cm;嘴角拉伸度为 2.1 cm。在 11 帧附近下唇突度和嘴角拉伸度达到最小值,分别为 3.67 cm 和 2.02 cm。之后各部位直到成阻结束均无大的变化。

(4)4 段为有声阶段,所有部位均参与发音动作,其唇形变化跟语音性质相联系。整体来看,此段的变化主要集中在协同发音的过程中,尤其外唇宽度和外唇高度变化更为突出,其他部位变化相对较小。在 15 帧时外唇宽度为 5.59 cm、外唇高度为 2.9 cm、上下唇突度分别为 3.6 cm 和 3.7 cm、嘴角拉伸度为 2.06 cm,而在 19 帧附近外唇宽度为 5.54 cm、外唇高度为 3.15 cm、上下唇突度分别为 3.6 cm 和 3.74 cm、嘴角拉伸度为 2.05 cm,到达元音/a/的目标位置之后外唇高度迅速变小,在 23 帧附近外唇宽度为 5.52 cm、外唇高度为 2.55 cm、上下唇突度分别为 3.57 cm 和 3.74 cm、嘴角拉伸度为 2.06 cm,从有声段整体来看,主要的变化集中在外唇宽度和外唇高度这两个指标上。

(5)5 段和 6 段为无声阶段,此段是发音结束后唇形恢复到自然状态的一个过程。从曲线图 4.62 来看,各个部位恢复到自然状态前变化不大,边音后接元音/a/的各部位参数变化和元音实验中元音/a/的参数基本相似,但变化幅度较小。从整个发音动作的过程来看,有声段占整个发音过程动作段的 1/4。

4.8　藏语夏河话半元音动态视位特征

半元音实验选取 2# 发音人的动态视位和音视频数据,在自然状态下各部位的视位值为:外唇宽度 5.9 cm、外唇高度 1.89 cm、上唇突度 3.68 cm,下唇突度 3.84 cm、嘴角拉伸度 2.25 cm。

藏语夏河话中共有 2 个半元音,/w/和/j/。在半元音的实验中,选择双唇音/w/与后接元音/a/相拼,形成双音位 CV 结构的音节/wa/。半元音只选择了一个音,所以不进行动态视位比较分析。

表 4.11 是半元音实验发音词,其中,/wa/所对应的藏文是“བལ”(羊毛),为了便于后期数据对比分析,对数据进行了标准化处理,音频长度

是 1.52 s，所对应的动态视位长度为 38 帧。

表 4.11　藏语夏河话半元音音词

序号	1
擦音	w
藏文	བལ
音标	wa
汉语释义	羊毛
语音结构	CV
时长(s)	1.52
帧数	38
舌位	双唇音

4.8.1　半元音/w/视位特征

1. 发音方法

/w/是双唇浊半元音。发音时舌后部向软腭抬起，但不要抵住；双唇收得很圆很小，并向前突出，上下齿分开贴住嘴唇；气流从双唇间摩擦而过，同时声带需振动，发音要短促，除阻后立刻向后面的元音滑动。图 4.63 是半元音/w/的目标视位，左图和中图分别记录了目标位置唇形的正面和侧面状态，右图记录了舌头的位置。

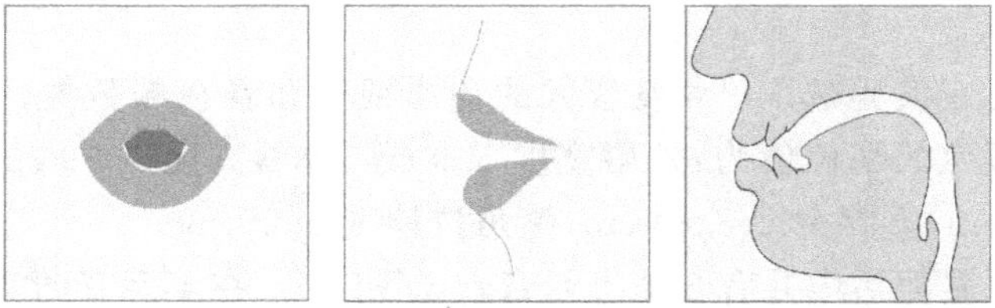

左图　中图　右图

图 4.63　半元音/w/目标位置唇形和舌位示意图

2. 声学分析

图 4.64 是藏文"བལ"的声波图、语谱图以及目标位置唇形视位图，由

双唇半元音/w/和元音/a/组成双音位 CV 结构的音节，发/wa/音。音频长度 1 540 ms，对应的视位帧数为 38。声波图中显示的频率在 1 065～1 744 Hz 之间。在语谱图中可以看到，在 16～19 帧之间出现较明显的纹样，纹样表现相对均匀，具有半元音特征，乱纹持续时长为 100 ms，从持续时间看相对较短。从元音共振峰的数据分布来看，F1 为 600 Hz、F2 为 980 Hz、F3 为 2 345 Hz，共振峰分布与元音实验中/a/的共振峰表现一致。在/w/音的实验中，选取了 8 张发音人的目标视位图，分别是第 2、9、16、18、20、21、25 和 35 帧。从目标视位图来看，2 帧前唇形处于准备阶段，无变化，3～15 帧是半元音/w/的成阻段，在成阻段，双唇收缩至圆形，而且向前突起。/w/是个半元音，和元音/u/很相似，但元音可以单独成音，可以延长，半元音不能单独成音，不可以延长。2～16 帧是成阻段，成阻时舌后部向软腭抬起，但不要抵住，双唇收得很圆很小，并向前突起。持阻时气流从双唇间摩擦而过，同时声带需振动，发音短促，除阻后立刻向后面的元音滑动。从 16～18 帧持阻时的目标视位看，圆唇逐渐变大。从 20 帧和 21 帧的目标视位图看，可以推测是元音/a/的目标位置，但从口型上看，还保持着圆唇效果，那么此时的唇宽度暂时还是收窄状态。在 25 帧附近的目标视位图中看到圆唇已经消失。圆唇的持续时间相对较长，所以协同

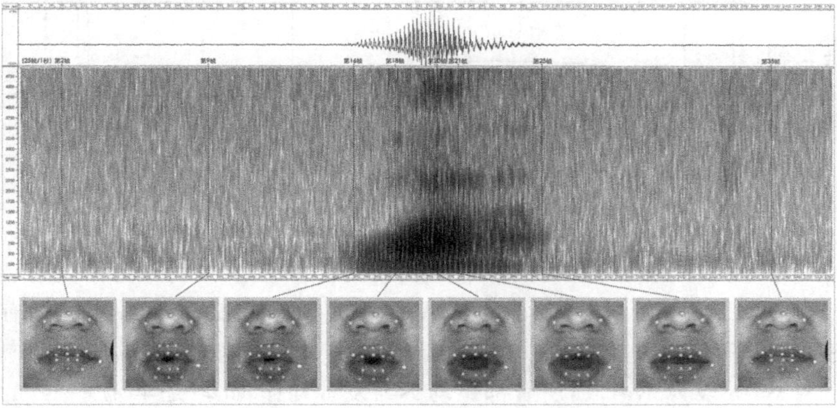

图 4.64　藏文"བལ"声波图、语谱图、目标位置唇形视位图

发音后对元音/a/的外唇宽度有一定的顺向影响。

3. 视位分析

图 4.65 是藏文“བལ”的声波图及外唇宽度、外唇高度、上下唇突度和嘴角拉伸度的曲线图。

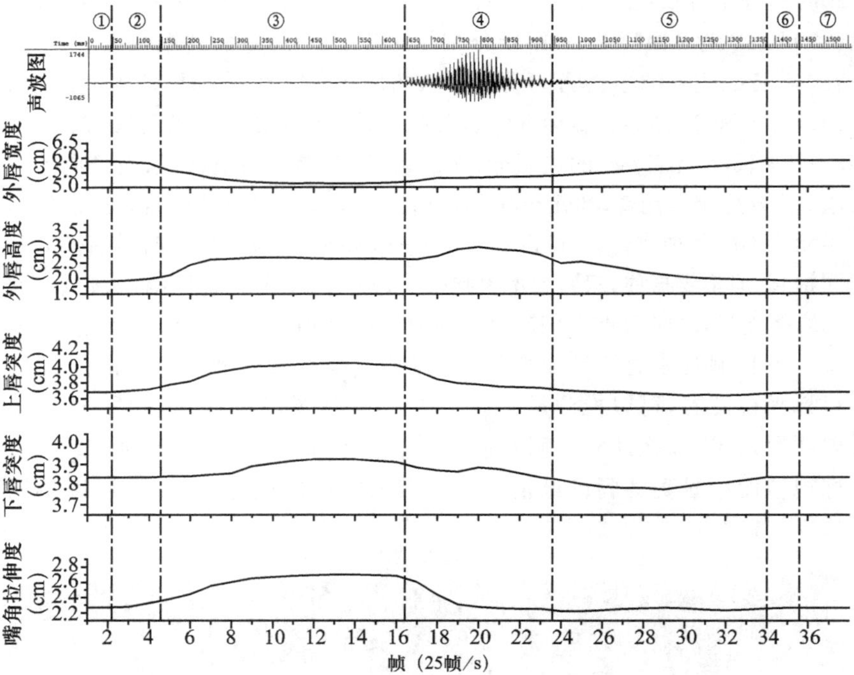

图 4.65 藏文“བལ”的声波图及唇形参数变化

(1)1 段和 7 段为准备段,口型无变化。

(2)2 段为无声段,此段除下唇突度在自然状态,其余各指标均有变化,但变化幅度较小。

(3)3 段为无声段,所有部位均参与发音动作,此段是半元音/w/的成阻段。整体来看,各部位变化较大,外唇宽度收窄,上下唇突起,嘴角拉伸度向前移动。从曲线图上看,各部位变化主要集中在 3～10 帧。

在 4 帧时外唇宽度为 5.82 cm；外唇高度为 1.98 cm；上下唇突度分别为 3.72 cm 和 3.84 cm；嘴角拉伸度为 2.38 cm。10 帧附近外唇宽度为 5.15 cm；外唇高度为 2.86 cm；上下唇突度分别为 4.07 cm 和 3.94 cm；嘴角拉伸度为 2.73 cm。10 帧后各部位变化相对较小，在 15 帧时外唇宽度为 5.14 cm；外唇高度为 2.8 cm；上下唇突度分别为 4.09 cm 和 3.96 cm；嘴角拉伸度为 2.76 cm。从整体来看此段的变化主要集中在成阻前期。

(4)4 段为有声阶段，所有部位均参与发音动作，其唇形变化跟语音性质相联系。整体来看此段变化主要集中在 16～20 帧之间，在 16 帧时外唇宽度为 5.16 cm；外唇高度为 2.79 cm；上下唇突度分别为 4.08 cm 和 3.95 cm；嘴角拉伸度为 2.75 cm。而在 20 帧时外唇宽度为 5.32 cm，外唇高度为 3.27 cm，上下唇突度分别为 3.79 cm 和 3.91 cm，嘴角拉伸度为 2.26 cm。从数据变化上看，此时的唇突已逐渐消失，而外唇宽度并没有收窄，所以此时的“圆唇”效果依然存在。同时 20 帧附近为元音/a/的目标位置，各项数据表明与元音实验中/a/音的目标位置相差较大。在发半元音/wa/音时，受协同发音的顺向影响较大。

(5)5 段和 6 段为无声阶段，此段是发音结束后唇形恢复到自然状态的一个过程。从曲线图 4.65 来看，各个部位恢复到自然状态前变化较大，半元音后接元音/a/的各部位参数变化和元音实验中元音/a/的参数有一定差距。从整个发音动作的过程来看，有声段占整个发音过程动作段的 1/4，由于在发半元音/w/时双唇突起，动作幅度相对较大，无声段所用时间较多，导致有声段占比相对减少。

4.9 藏语夏河话辅音唇形动态视位相似性分析

有学者认为辅音没有特定的唇形，其发音动作受后接元音影响较大。在藏语夏河话辅音唇形动态视位相似性分析中，所用方法和元音分析方法相似，不过元音重点关注的是协同发音及元音音素部分唇形视位变化的特征，而辅音则关注的是发音前辅音准备口型及协同发音的过程。潘晓声(2011)认为相同发音部位的辅音发音动作相同。所以辅音实验在判断相似性时,把相同发音部位的辅音成阻后进行分析,依据发音词表可以把藏语夏河话辅音口型分为7类(双唇音、舌尖前音、舌尖中音、舌尖后音、舌面前音、舌面后音和声门音)进行判断。

表4.12是/Ca/音节中辅音唇形动态视位相似性实验结果,此表只对样本数据进行列举,对于非样本辅音用“_”进行标注。辅音判断口型是否相似需同时符合以下两个条件:①同部位同方法的音的视位指标口型差值小于等于0.2 cm;②在后接同一个元音时各指标的口型小于等于0.2 cm。只要满足上述两个条件即可确定为同一类口型。本实验只对后接元音/a/进行唇形动态视位相似性分析。

表4.12 /Ca/音节中辅音唇形动态视位相似性分析实验结果

		外唇宽度(cm)			外唇高度(cm)			上唇突度(cm)			下唇突度(cm)			嘴角拉伸度(cm)		
		形成	保持	解除	形成	保持	解除	形成	保持	解除	形成	保持	解除	形成	保持	解除
双唇音	pʰ	5.85	5.95	5.81	1.83	1.49	2.57	3.65	3.68	3.66	3.78	3.92	3.77	2.34	2.15	2.18
	m	5.84	5.76	5.71	1.87	1.68	2.61	3.65	3.65	3.66	3.78	3.72	3.79	2.23	2.2	2.24
	w	5.55	5.15	5.3	2.37	2.82	3.06	3.84	4.09	3.84	3.85	3.96	3.89	2.61	2.74	2.38
舌尖前音	t	5.86	5.85	5.7	2.04	2.65	2.97	3.7	3.71	3.63	3.82	3.79	3.52	2.28	2.29	2.13
	ʦʰ	5.81	5.75	5.63	2.21	2.87	3.19	3.68	3.63	3.58	3.82	3.76	3.58	2.24	2.16	2.08
	s	5.81	5.61	5.38	2.12	2.68	3.02	3.67	3.66	3.66	3.83	3.83	3.8	2.23	2.2	2.12
	r	5.55	5.55	5.46	2.13	3.01	3.45	3.62	3.57	3.58	3.67	3.74	3.74	2.23	2.21	2.18
舌尖中音	ɬ	5.58	5.57	5.46	2.4	2.87	3.29	3.63	3.6	3.6	3.75	3.68	3.73	2.2	2.04	2.03
舌尖后音	tʂ	5.83	5.79	5.64	2.22	2.69	3.17	3.63	3.63	3.62	3.81	3.79	3.77	2.22	2.16	2.15

续表 4.12

		外唇宽度(cm)			外唇高度(cm)			上唇突度(cm)			下唇突度(cm)			嘴角拉伸度(cm)		
		形成	保持	解除	形成	保持	解除	形成	保持	解除	形成	保持	解除	形成	保持	解除
舌面前音	tɕ	5.81	5.77	5.67	2.24	2.83	3.18	3.63	3.66	3.66	3.77	3.8	3.77	2.18	2.17	2.14
	ȵ	5.87	5.81	5.78	2	2.22	3.04	3.68	3.69	3.66	3.84	3.81	3.55	2.25	2.22	1.93
	ɕ	5.72	5.59	5.51	2.41	2.68	2.97	3.63	3.58	3.57	3.79	3.72	3.74	2.22	2.2	2.19
舌面后音	k	5.74	5.7	5.59	2.34	2.69	3.17	3.64	3.64	3.65	3.64	3.66	3.64	2.22	2.19	2.12
	ŋ	5.77	5.68	5.69	2.11	3.01	3.68	3.67	3.64	3.62	3.79	3.61	3.52	2.19	1.97	1.9
声门音	ʔ	5.64	5.54	5.53	2.27	3.53	3.67	3.71	3.74	3.76	3.65	3.53	3.57	2.19	2	2.05
	xh	5.85	5.63	5.39	1.98	2.26	3.45	3.63	3.55	3.43	3.81	3.72	3.74	2.22	2.13	2.15

(1)双唇音唇形动态视位相似性分析结果：在双唇音的判断中，/p^h/音和/m/音符合条件 1 和 2，所以可归为同一类口型，而非样本音/p/和/b/满足条件，那么这 4 个音归为一类。/w/音单独归为一类(表 4.13)。

表 4.13　双唇音唇形动态视位相似性分析结果

名称	1	2
辅音	p、p^h、m、b	w

(2)舌尖前音唇形动态视位相似性分析结果：在舌尖前音的判断中，/$ʦ^h$/与/s/外唇高度口型有所不同，所以这两个音可单独成为一类口型，其中样本外音/ʦ/和/$ʦ^h$/口型相似，可以归纳为一类。样本外音/z/和/s/口型相似归为同一类(表 4.14)。

表 4.14　舌尖前音唇形动态视位相似性分析结果

名称	3	4	5
辅音	t、t^h、ʦ	$ʦ^h$、dz	s、sh、z

(3)舌尖中音唇形动态视位相似性分析结果：舌尖中音/ɬ/单独为一类口型(表 4.15)。

表 4.15　舌尖中音唇形动态视位相似性分析结果

名称	6
辅音	ɬ

(4)舌尖后音唇形动态视位相似性分析结果：舌尖后音/tʂ/与非样本音/tʂ^h/、/dʐ/、/ʂ/、/ʐ/为同一类口型(表 4.16)。

表 4.16　舌尖后音唇形动态视位相似性分析结果

名称	7
辅音	tʂ、tʂ^h、dʐ、ʂ、ʐ

(5)舌面前音唇形动态视位相似性分析结果：舌面前音/tɕ/与/ɕ/口型相似，与非样本音/tɕ^h/为同一类口型。/ȵ/音与非样本音/ʑ/和/ɕh/为同一类口型(表 4.17)。

表 4.17　舌面前音唇形动态视位相似性分析结果

名称	8	9
辅音	tɕ、tɕ^h、ɕ	ȵ、ʑ、ɕh

(6)舌面后音唇形动态视位相似性分析结果：舌面后音/k/和/g/与非样本音/k^h/为同一类口型。/ŋ/单独为一类口型。/xh/和非样本音/x/为同一类口型(表 4.18)。

表 4.18　舌面后音唇形动态视位相似性分析结果

名称	10	11	12
辅音	k、k^h、g	ŋ	xh、x

(7)声门音唇形动态视位相似性分析结果：声门音/ʔ/与非样本音/h/为同一类口型(表 4.19)。

表 4.19　声门音唇形动态视位相似性分析结果

名称	13
辅音	ʔ、ɦ

通过对藏语夏河话样本音与非样本音进行的唇形动态视位归纳，最终将藏语夏河话动态视位分为 13 类口型。

4.10　本章小结

本章对藏语夏河话塞音、塞擦音、鼻音、擦音、颤音、边音和半元音的唇形动态视位进行了分析和讨论。首先对藏语夏河话辅音发音方法进行了描述，然后结合声波图、语谱图、声学参数共振峰指标以及目标位置视位图，对目标位置的唇形和舌位进行分析和讨论。在辅音动态视位分析中，从外唇宽度、外唇高度、上唇突度、下唇突度和嘴角拉伸度方面进行分析，并讨论辅音成阻、持阻、除阻以及与后接元音/a/的协同发音过程。最后对各辅音的唇形相似性进行分析，并对藏语夏河话辅音的唇形动态视位进行归类，同时通过藏语夏河话的三维动态数据绘制了目标位置的静态视位唇形图，如图 4.66 所示。

本章内容总结如下：

1. 塞音实验结论

塞音实验中选择了双唇音/p^h/、舌尖音/t/和舌面音/k/与后接元音/a/相拼，形成 CV 结构的双音位音节，通过上述实验的分析和讨论，对塞音的视位特征总结如下：

(1)在塞音/p^h/的实验中，从声学和唇形动态视位的各项指标进行了分析。藏语夏河话塞音/p^h/在发音时，成阻段双唇紧闭，阻碍气流。持阻段双唇突然分开。除阻段气流冲出口腔，爆破成音。从声学数据的变化来看，语谱图中持阻段有明显的冲直条，而且冲直条上有送塞音的特征乱纹。从动态视位参数分析结果来看，在发音时各部位变化较

塞音	p^h	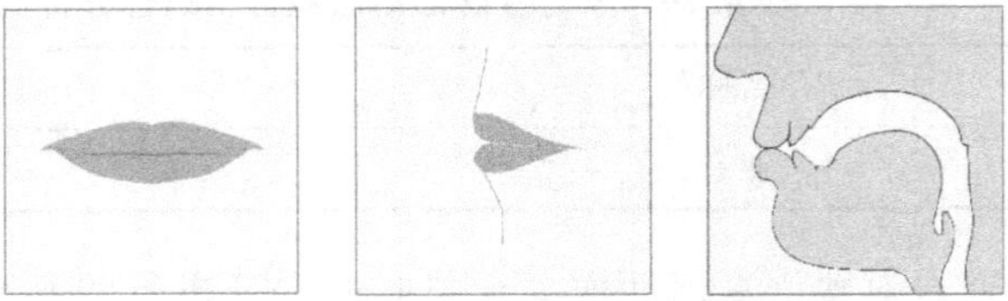
	t	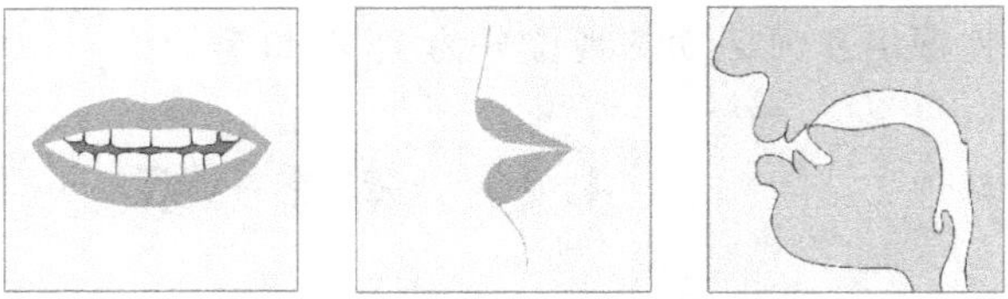
	k	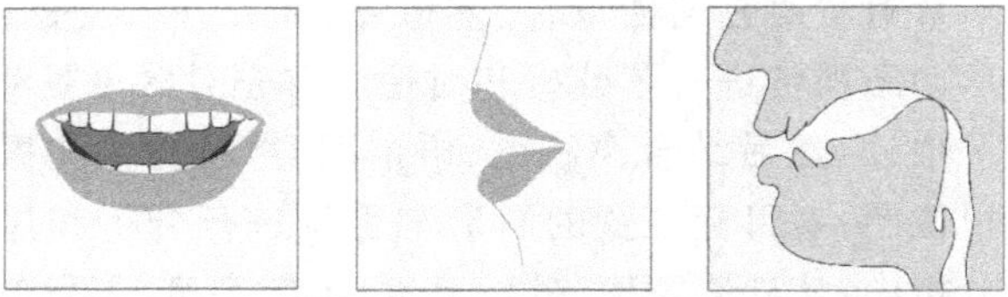
塞擦音	ts^h	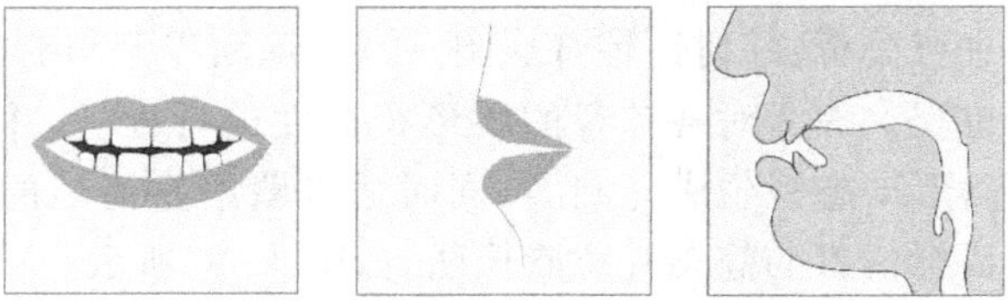
	tɕ	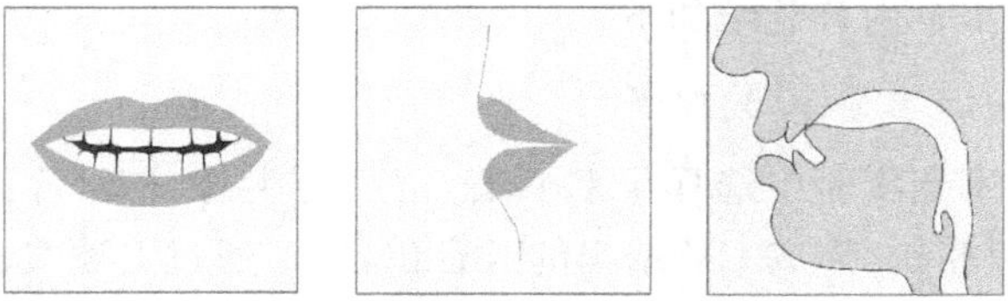
	tʂ	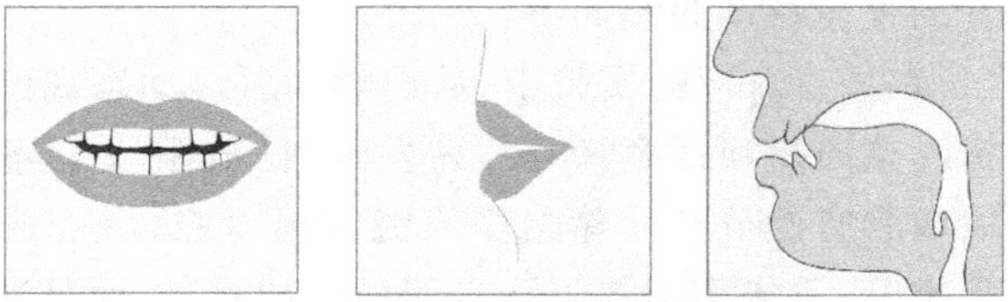

图 4.66　目标位置的静态视位唇形

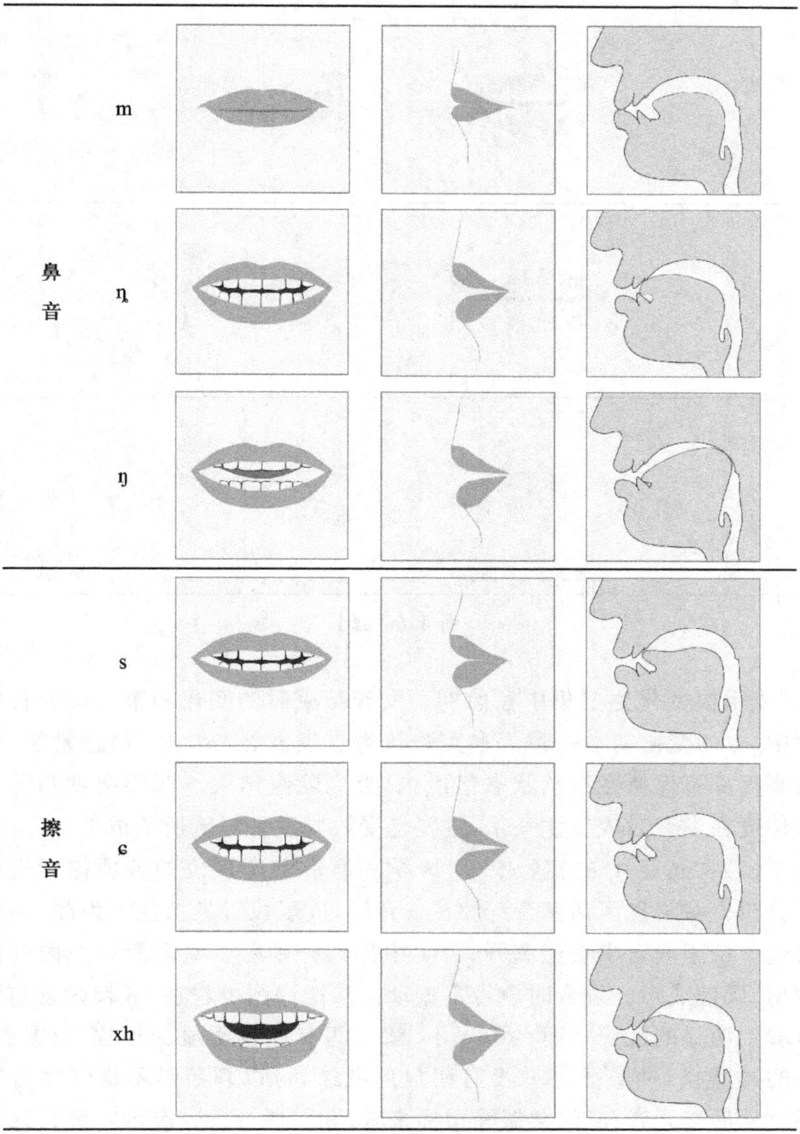

图 4.66(续)

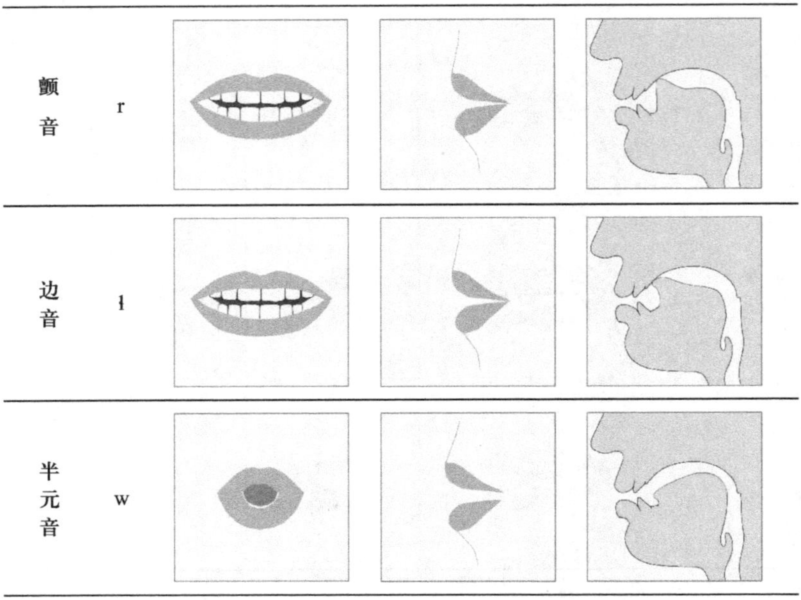

图 4.66(续)

大,成阻段变化主要集中在前期。发音结束后的变化和第 3 章元音实验中/a/的变化基本一致。本实验认为在发塞音/p^h/时,双唇紧闭,外唇高度一直保持在自然状态值以内,直到除阻结束。双唇突度和嘴角拉伸度在发音时成反比关系,主要是受协同发音影响所造成的。

(2)在塞音/t/的实验中,对声学和唇形动态视位的各项指标进行了分析。藏语夏河话塞音/p^h/在发音时,成阻段舌尖抵住上齿龈,挡住气流。持阻段舌尖快速离开,舌尖中部离开硬腭。除阻段口腔内气流冲出,爆破成声。发音时声带不振动。从语谱图上看在 16 帧附近前没有看到明显的乱纹。而在 16～17 帧之间有比较明显的振幅,这是/t/音的冲直条,冲直条上并没有明显的乱纹,可以判断是不送气塞音特征。从后接元音/a/的共振峰指标来看,和双唇音/p^h/保持一致。在动态视位分析和讨论中,2 段和 3 段为辅音成阻的过程,变化主要集中在开始和结束部分，中间各部位在目标值持续了较长的时间。有声段协同发音的过程中各部位变化相对较大，但比/p^h/音要小很多。到/a/音的目标位置时，把各部位的值和/p^h/实验做了比较后发现，元音/a/受塞音双唇音/p^h/和舌尖音/t/的顺向影响相似，虽然相似，但还是无法判断影响的大小。前人的研究认为，在协同发音时这种顺向的影响较小。但大多数学者均以逆向影响为主要研究方向。

(3)在塞音/k/的实验中，从声学和唇形动态视位的各项指标进行了分析。藏语夏河话塞音/ka/在发音时，成阻段软腭上升，舌根隆起紧贴软腭，气流因通道被封闭而积累。持阻段舌根下降，脱离软腭。除阻段气流迸发而出，气流较强，爆破成声。发音时声带不振动。发音时嘴唇自然张开，唇开口度小。从语谱图上看在16帧附近前没有看到明显的乱纹。而在16～17帧之间有比较明显的振幅，这是/k/音的冲直条，冲直条上并没有明显的乱纹，可以判断是不送气塞音特征。从塞音的几个冲直条来看，舌面音/k/振幅最强。从后接元音/a/的共振峰指标来看，和双唇音/p^h/、舌尖音/t/保持一致。在动态视位分析和讨论中，2段和3段为辅音成阻的过程，变化主要集中在中前段，而舌根到达软腭后，各部位在目标位置持续了较长的时间，直到除阻结束。在有声段，协同发音的过程中各部位变化相对较大，但比/p^h/音和/t/音要小很多。在转换到/a/音的目标位置时，元音/a/受塞音的双唇音/p^h/和舌尖音/t/的顺向影响相似。

(4)在塞音动态视位比较后认为：①从塞音的外唇宽度比较来看，塞音在成阻段变化分布不同，在发双唇音/p^h/时唇宽度大于自然状态，舌尖音/t/和舌面音/k/双唇收窄。②从塞音的外唇高度比较来看，塞音在成阻段变化分布不同，双唇音/p^h/在成阻前期和持阻后变化较大，舌尖音/t/成阻后期变化大，舌面音/k/在成阻中后部变化大。③从塞音的上唇突度比较来看，变化较大，而且在成阻段各不相同。双唇音/p^h/在成阻段上唇收缩，除阻后会有短暂的突起状态。舌尖音/t/在成阻时，由于舌尖抵住硬腭，上唇会出现短暂的唇突状态。而在除阻时气流从口腔呼出，上唇会收缩至自然状态内。舌面音/k/在成阻段上唇突度收缩，一直保持到发音结束，而且变化较小。④从塞音下唇突度比较来看，变化较大，而且在成阻段各不相同。双唇音/p^h/在成阻段前期上唇有短暂收缩，在持阻段附近达到峰值。舌尖音/t/在成阻段，变化和上唇较相似。舌面音/k/在成阻段中间收缩比较大，之后变化较小。⑤从塞音嘴角拉伸度比较来看，在成阻段各音变化不大。双唇音/p^h/和舌面音/k/变化基本一致，舌尖音/t/和其他两个音有一定的区别，但总体变化不大。除阻后/ta/的变化相对较大。而其余两个音保持一致。⑥从共振峰数据比较来看，塞音对后接元音/a/的 F1～F3 影响不大。

2. 塞擦音实验结论

塞擦音实验选择了舌尖前音/$ʦ^h$/、舌尖后音/tʂ/和舌面前音/ʨ/和后接元音/a/相拼，形成 CV 结构的双音位音节，通过上述实验的分析和讨论后，对塞擦音的视位特征总结如下。

(1)在塞擦音/$ʦ^h$/的实验中，从声学和唇形动态视位的各项指标进行了分析和讨论。认为藏语夏河话/$ʦ^h$a/在发音时，成阻段舌尖抵住上齿背，挡住气流。持阻段舌尖快速后缩，舌尖离开上齿背。除阻后留一缝隙，气流急速冲破阻碍，通过上齿背和舌尖缝隙发生短暂摩擦。从开口的形状来看，呈椭圆形。从语谱图上看除阻段有较明显的乱纹，乱纹表现均匀，这是典型的送气清塞擦音特征，而且持续时间长。从后接元音/a/的共振峰指标来看，共振峰数据不受塞擦音的影响。在动态视位的分析和讨论中，整体变化较大。/$ʦ^h$/音成阻段前期舌头抵住上齿的过程，使得各部位有较大的变化，而且双唇处于凸起状态，但凸起时间较短。在持阻段前后，外唇宽度、外唇高度和上下唇突度均在目标位置持续了一段时间。协同发音中对后接元音/a/的顺向影响不大。

(2)在塞擦音/tʂ/的实验中，对声学和唇形动态视位的各项指标进行了分析和讨论。认为藏语夏河话/$ʦ^h$a/在发音时，成阻段舌尖抵住前硬腭，挡住气流。持阻段舌头向后微缩，舌尖突然离开前硬腭，气流通过舌尖前硬腭缝隙发生摩擦，声带不振动，发此音时双唇微开，呈椭圆形。从语谱图上看阻段有较明显的乱纹，且乱纹呈现为不规则状，是不送气清塞擦音特征。从后接元音/a/的共振峰指标来看，共振峰数据不受塞擦音的影响。在动态视位的分析和讨论中，整体变化主要集中在成阻前期。除阻时舌头抵住前硬腭的过程，完成此动作后，口腔开始聚集气流，直到除阻结束，在此段外唇宽度和外唇高度均在目标位置持阻较长时间。除阻后，元音/a/的目标位置的各项数据表明，/tʂ/音对后接元音/a/的动态视位特征的顺向影响不大。

(3)在塞擦音/tɕ/的实验中，对声学和唇形动态视位的各项指标进行了分析和讨论。认为藏语夏河话/tɕa/在发音时，成阻段舌面与前硬腭闭紧，口腔聚集气流。持阻段舌头向后快速移动。除阻后留一缝隙，气流通过舌前面与前硬腭缝隙处发生摩擦，声带不振动，嘴唇微开，呈椭圆形。从语谱图上看成阻段有较明显的乱纹，且乱纹呈现不规则状，是不送气清塞擦音特征。从后接元音/a/的共振峰指标来看，共振峰数据不受塞擦音的影响。在动态视位的分析和讨论中，整体变化主要集中在成阻前期和除阻后与元音衔接的位置。除阻前期的变化，主要是由舌面紧贴前硬腭的过程，在此段各部位变化较大。在舌位紧贴前硬腭后，气流开始在口腔聚集，外唇宽度和外唇高度会在此处至除阻结束前，在目标值保持较长的时间。从塞擦音的实验看，均有这种现象存在。所以本实验认为，在发塞擦音/tsʰ/、/tʂ/和/tɕ/时口腔气流聚集完成后，外唇宽度和外唇高度保持在固定值不变，而且持续到除阻结束。上下唇突度和嘴角拉伸度在发/tsʰa/音的成阻前期稍有不同外，其余部位 3 个音的变化相同。除阻后，元音/a/的目标位置的各项数据表明，/tɕ/音对后接元音/a/的动态视位特征的顺向影响不大。

(4)从塞擦音动态视位比较后认为：①从塞擦音外唇宽度比较来看，塞擦音/tsʰ/、/tʂ/和/tɕ/时，在此段变化较小，目标值附近要保持一段时间。发音结束后外唇宽度恢复到自然状态的变化，从塞擦音曲线图上看，变化保持一致。②从塞擦音外唇宽度比较来看，外唇高度在成阻和除阻过程中，始终要保持唇微开的状态。成阻时微开是因为舌头要紧贴前硬腭和上齿背，所以开口度不宜过大或太小，而除阻时舌头和前硬腭保留一个缝隙后发生摩擦，此时的开口度如果有变化，会破坏摩擦效果。所以在持阻前后的位置，塞擦音/ʦʰ/、/tʂ/和/ʨ/变化较小，均在各自的目标值保持了一段时间。从元音/a/外唇宽度的目标位置恢复到自然状态的数据来看，外唇高度的顺向影响不大。③从塞擦音上唇突度比较来看，虽然3个音都是舌面前部紧贴上齿背和前硬腭，但从接触面积比较/ʦʰ/音最小，所以舌头向前移动的少，口轮匝肌相对松弛，使得上唇突起。除阻后3个音的上唇突度变化较大。而舌尖前塞擦音/ʦʰ/，在送气时上唇收紧，而/tʂ/和/ʨ/为不送气音，上唇变化相对较小。④从塞擦音下唇突度比较来看，下唇突度的变化要明显多于上唇突度。但是在塞擦音的实验中，除阻前3个音的唇开口度均保持微开状态，所以下颌运动幅度较小，所带动的下唇突度运动范围也相对较小。⑤本实验发现/tʂ/和/ʨ/的嘴角拉伸度基本相似，而/ʦʰ/稍有不同，/ʦʰ/音在成阻段嘴角微微向前移动，高于自然状态，持阻结束后向后移动较多。从嘴角拉伸度的值来看，舌尖前音/ʦʰ/变化较大，其余两个音变化较相似。⑥从共振峰数据比较来看，塞擦音对后接元音/a/的F1～F2影响不大。

3. 鼻音实验结论

在鼻音实验选择了双唇音/m/、舌面前音/ȵ/和舌面后音/ŋ/和后接元音/a/相拼，形成CV结构的双音位音节，通过上述实验的分析和讨论后，对鼻音的视位特征总结如下：

(1)在鼻音/m/的实验中，对声学和唇形动态视位的各项指标进行了分析和讨论。/ma/在发音时，成阻段舌头自然放平，双唇闭拢；持阻时气流从鼻腔泻出，感觉到嘴唇会振动，而且双唇会突起。从语谱图上看，持阻段有较明显的横杆，是典型的鼻音特征，而且持续时间长。从后接元音/a/的共振峰指标来看，共振峰数据受鼻音影响适中。以动态视位的分析上来看，发/ma/音时整体变化较大，而且变化主要集中在成阻后期和协同发音部分；成阻段双唇闭拢，但没有塞音/pʰ/闭得紧，但唇突起度要比/pʰ/更大一些；协同发音时各部位变化相对较大，主要原因是持阻时虽然双唇微开，但有凸起状态，离元音/a/的目标位置差距较大，所以在协同发音过程中变化幅度比较大。协同发音后各部位到达元音/a/的目标位置的差距适中，说明协同发音对元音有一定的顺向影响。

(2)在鼻音/ȵ/的实验中，对声学和唇形动态视位的各项指标进行了分析和讨论。/ȵa/在发音时，成阻段舌尖放在下齿背处，舌前面与前硬腭闭紧，持阻时气流从鼻腔泄出，双唇微开。从语谱图上看，持阻段有较明显的鼻音横杆特征，而且持续时间长。从后接元音/a/的共振峰指标来看，鼻音对共振峰数据有一定的影响。在对动态视位的分析和讨论后认为：整体变化较少，但变化幅度较大，主要变化表现在协同发音的过程中，尤其下唇突度和嘴角拉伸度收缩最大，说明在发/ȵa/音时受鼻音/ȵ/的顺向协同发音影响较大。

(3)在鼻音/ŋ/的实验中，对声学和唇形动态视位的各项指标进行了分析和讨论。/ŋa/在发音时，成阻段舌尖放在下齿背处，舌面中部与硬腭中部闭紧，双唇微开；持阻时软腭下降，气流从鼻腔泄出。从语谱图上看，除阻段有较明显的鼻音横杆特征。从后接元音/a/的共振峰指标来看，共振峰数据受鼻音影响较小。在动态视位的分析和讨论后认为：在发/ŋa/音时视位整体变化较少，但变化幅度相对较大。/ŋa/和/ȵa/整体变化比较相似，主要表现在以下几个方面：①除阻前各部位变化较少，均呈现线性状态；②上唇突度变化相对较小；③下唇突度和嘴角拉伸度变化较大。

(4)鼻音动态视位比较后认为：①从鼻音外唇宽度比较来看，成阻段3个音的变化各异。/ma/的变化区别于其他两个音，主要原因是/m/为双唇音，唇形变化相对较多。鼻音/ȵa/在成阻段变化较小，而变化相对集中在协同发音过程中，而且后接元音/a/受协同发音的影响较大；/ŋa/音整体变化比较平滑，没有出现较大幅度的变化。②在外唇高度的比较中，双唇音/ma/虽然在成阻段一直低于自然状态，但在协同发音后唇开口度依然能到达元音/a/的目标位置，说明在协同发音的过程中变化较大。而/ȵa/音和/ŋa/变化单一，从成阻到元音/a/的目标位置，双唇从自然状态到全开的过程中没有发生较多的变化。从整个发音来看，各鼻音的外唇高度受协同发音的顺向影响较小。③鼻音上唇突度比较后认为：成阻段/ma/受双唇闭合的影响，有较多的变化，其余两个音变化较小。在持阻和协同发音的过程中，/ma/和/ȵa/的变化比较相似，而/ŋa/一直处于收紧状态。协同发音后3个音到达元音/a/的目标位置和发音结束后的状态来看，3个音对元音/a/的协同发音顺向影响较小。④鼻音下唇突度比较后认为：在发音过程中下唇突度变化受舌位和下颌影响比较大，而且相比上唇突度变化幅度更大。整体来看/ma/的变化主要集中在成阻段和协同发音的过程中，而/ȵa/和/ŋa/的变化主要集中在协同发音后。协同发音后元音/a/的目标位置来看，/ȵa/和/ŋa/受协同发音的顺向影响较大。⑤鼻音嘴角拉伸度比较后认为：在发音过程中嘴角拉伸度的变化主要集中在有声段前后。双唇音/ma/的拉伸度变化相对较大，而/ȵa/和/ŋa/音的嘴角拉伸度变化基本一致，但这两个音变化幅度较大。从协同发音后元音/a/的目标位置来看，/ȵa/和/ŋa/受协同发音的顺向影响较大。⑥从共振峰数据比较来看，鼻音对后接元音/a/的共振峰值有一定影响。

4. 擦音实验结论

在擦音实验选择了舌尖前音/s/、舌面前音/ɕ/和舌面后音/xh/和后接元音/a/相拼，形成CV结构的双音位音节，通过上述实验的分析和讨论后，对擦音的视位特征总结如下：

(1)在擦音/s/的实验中，对声学和唇形动态视位的各项指标进行了分析和讨论。/sa/在发音时，成阻段舌尖和上齿背保留一条空隙，在持阻时气流通过空隙形成的摩擦音，除阻后舌头快速收缩至元音/a/的目标位置。从语谱图上看，持阻段有较明显的乱纹，乱纹表现均匀是典型的清擦音特征，而且持续时间长。从后接元音/a/的共振峰指标来看，共振峰数据受擦音影响较小。在对动态视位的分析和讨论后认为，擦音/sa/整体变化较小，相对变化较大的地方在成阻前期和协同发音部分；成阻段舌尖向上齿背移动时外唇宽度和高度有变化，其余指标变化较小；成阻后期和持阻段各部位会在目标位置保持较长时间；协同发音过程中各部位到达元音/a/的目标位置的差距较大，说明协同发音对元音有一定的顺向影响。

(2)在擦音/ɕ/的实验中,对声学和唇形动态视位的各项指标进行了分析和讨论。认为/ɕa/在发音时,成阻段舌面和上硬腭保留一条空隙,在持阻时气流通过空隙形成的摩擦音,除阻后舌头快速收缩至元音/a/的目标位置。从语谱图上看,除阻段有较明显的乱纹,乱纹表现均匀,这是清擦音特征,而且持续时间长。从后接元音/a/的共振峰指标来看,共振峰数据受到擦音一定的影响。在对动态视位的分析和讨论后,认为整体变化较小,成阻段变化分布比较均匀;在持阻段各部位会在目标位置保持较长的时间;在协同过程中各部位变化小;协同发音后到达元音/a/的目标位置变化较大,说明元音受到擦音协同发音一定的影响,影响程度和/sa/较相似。

(3)在副辅音/xh/的实验中,对声学和唇形动态视位的各项指标进行了分析和讨论。/xha/在发音时,成阻段舌面后部抬高,与软腭微闭后留一条空隙;持阻段气流通过舌面后部与软腭空隙时发生摩擦;从语谱图上看,除阻段有较明显的乱纹,乱纹上有横杆,是典型的浊擦音特征,持续时间相对其他两个音要短一些。从后接元音/a/的共振峰指标来看,共振峰数据受擦音影响较小。在对动态视位的分析和讨论后,认为在发/xha/音时视位整体变化较大,主要表现在成阻段;在持阻段到发音结束各部位均保持较小的变化,而且从持阻段开始,各部位保持在目标位置,直到发音结束;在擦音/xh/和元音/a/的协同发音时唇形并没有出现明显变化,擦音/xh/和元音/a/的目标视位特征较相似。

(4)在擦音动态视位比较后认为:①在擦音外唇宽度的比较后发现,从成阻来看/xha/的变化区别于其他两个音,主要原因是发此音时舌头要整体后移,而且双唇会张开,所以外唇宽收窄;擦音/xh/和元音/a/的目标位置比较相似,所以在协同发音中顺向影响不大;/sa/和/ɕa/在协同发音时变化相对较大,而且在除阻后受擦音协同发音的顺向影响,两个音后接元音/a/的外唇宽度未达到元音/a/的最小目标值。②从擦音外唇高度的比较来看,/xha/音在发音过程中,/xh/和元音/a/的目标高度比较接近,而且外唇高度是 3 个音中最大的。在协同发音过程中元音/a/的外唇高度受擦音/xh/的顺向影响小，而擦音/sa/和/ɕa/在协同发音过程中对元音/a/的顺向影响较大。③从擦音上唇突度比较来看，成阻段/xha/受舌位的影响上唇突度收缩较大，而/sa/和/ɕa/的变化比较相似。协同发音后/ɕa/的上唇突度较小，而/sa/和/xha/的唇突度在自然状态附近，离/a/的目标值差距比较大，这就说明这两个音受协同发音的顺向影响较大。④从擦音下唇突度比较来看，在发音过程中下唇突度变化受舌位和下腭影响比较大，而且相比上唇突度变化幅度更大。整体来看/xha/的变化主要集中在成阻段，/ɕa/的变化主要集中在持阻前后，/sa/的整体变化较小。发音结束后从恢复到自然状态的数据看，/sa/和/xha/受擦音协同发音的顺向影响较大。⑤从擦音嘴角拉伸度比较来看，/xha/变化主要集中在成阻段，/sa/和/ɕa/音的变化主要集中在协同发音的过程中，而/sa/受协同发音的影响相对较大。⑥从共振峰数据比较来看，擦音对后接元音/a/的共振峰值有一定影响。

5. 颤音实验结论

在颤音实验中，舌尖前浊音/r/与后接元音/a/相拼，形成双音位CV结构的音节/ra/。在发/ra/音时，成阻段双唇微开，舌尖向上硬齿龈后部卷起，舌两侧稍微收拢。持阻时气流通过舌尖和齿龈形成轻微摩擦，除阻后舌头快速收缩至元音/a/的目标位置。从语谱图上看，持阻段有较明显的乱纹，而且持续时间长。从后接元音/a/的共振峰指标来看，共振峰数据受颤音影响较小。通过数据分析得出颤音/ra/整体变化适中，主要变化集中在成阻前期和协同发音的过程中。成阻段是舌尖向上硬腭移动时所带动唇形发生的变化，协同发音的变化是由于两个音的目标视位差距较大所造成的。在成阻后期和持阻段各部位保持在目标位置，变化相对较小。协同发音后各部位到达元音/a/的目标位置差距较小，说明协同发音对元音的顺向影响比较小。

6. 边音实验结论

在边音实验中，舌尖中浊音/ɬ/，在实验中与后接元音/a/相拼，形成双音位 CV 结构的音节/ɬa/。在发/ɬa/音时，成阻段舌尖紧贴上齿龈，舌前部抬起靠近硬腭，双唇略张开，牙齿自然张开。持阻时气流从舌的两侧泄出。除阻后舌头快速收缩至元音/a/的目标位置。从语谱图上看，除阻段有较明显的横杆，表现为边音的特征，而且持续时间长。从后接元音/a/的共振峰指标来看，共振峰数据受边音影响相对较小。通过分析可以得出边音/ɬa/整体变化适中，相对变化较大的地方在成阻前期和协同发音部分，从各部位比较来看，外唇宽度和外唇高度相对变化较大；成阻段舌尖向上硬腭移动时各部位变化较大；成阻后期会在目标位置保持一段时间；协同发音过程中外唇高度和外唇宽度相对变化较大，其余部位变化比较小。

7. 半元音实验结论

在半元音实验中选择了双唇音/w/后接元音/a/相拼，形成双音位 CV 结构的音节/wa/。在发/wa/音时，成阻段舌后部向软腭抬起，双唇突起，唇宽度收窄，而且唇形收的很圆很小，持阻时气流从双唇间摩擦而过，同时声带需振动，发音短促，除阻后立刻向后面的元音滑动。从语谱图上看，除阻段有较明显的横杆，纹样表现为半元音特征，而且持续较短。从后接元音/a/的共振峰指标来看，共振峰数据受到了半元音/w/一定的影响。通过实验分析得出：半元音/wa/整体变化较大，变化主要集中在成阻前期和协同发音部分。在成阻后期嘴唇形成圆形后，各部位会在目标位置保持一段时间，且双唇突起。在协同发音时唇突逐渐消失，而外唇宽度并没有收窄，所以此时的"圆唇"性状依然存在。各项数据证明在发/wa/音时受协同发音的顺向影响较大。

8. 藏语夏河话辅音唇形动态视位相似性分析

在藏语夏河话辅音动态视位口型相似性分析中，本研究将/Ca/和/CCa/音节中动态唇形视位分解为三部分，即形成口型、保持口型和解除口型，并对各部分口型的 5 个视位指标（外唇宽度、外唇高度、上唇突度、下唇突度和嘴角拉伸度）进行相似性判断，判断是否是同一类口型，必须符合特定条件。实验结果表明，藏语夏河话辅音动态视位口型可分为 13 类，如表 4.20 所示。

表 4.20 藏语夏河话辅音动态视位口型分类集

视位号	对应辅音	视位号	对应辅音
1	p、ph、m、b	8	ʨ、ʨh、ɕ
2	w	9	ɲ、ʑ、ɕh
3	t、th、ʦ	10	k、kh、g
4	ʦh、dz	11	ŋ
5	s、sh、z	12	xh、x
6	ɬ	13	ʔ、h
7	tʂ、tʂh、dʐ、ʂ、ʐ		

第5章 总结与展望

5.1 研究成果

本研究利用人脸运动捕捉获取藏语夏河话的三维动态视位数据，结合音视频数据，从语言学层面对其进行唇形可视语音研究，分析和讨论在发音过程中的唇形视位特征变化。系统地阐述了视位及其相关技术，同时对藏语方言的划分和藏语夏河话语音特征进行了综述。此外详细地分析了目前针对视位研究的方法，讨论了比较常见的视位参数定义。最后利用人脸运动捕捉仪提取藏语夏河话的动态视位数据，对藏语夏河话展开深入研究。研究结果如下：

(1)笔者在实验中再次证明了唇高度在区分各元音的重要意义，这与其他学者在英语和汉语普通话的研究结果上一致。而外唇宽度在区分圆展唇元音时表现比较突出，但区分各元音特征不明显。双唇突度在区分圆展唇元音时特征比较突出，但区分各元音时特征不明显。主要表现在发圆展唇元音时双唇会一直处于突起状态，而且上唇突度比下唇突度大，所以笔者认为唇突度指标在区分圆展唇元音时有重要意义。同时在发圆展唇元音时嘴角拉伸度会向前大幅度移动，而且和下唇突度的变化比较相似，那么嘴角拉伸度同样也可以作为区分圆展唇元音的一个重要指标。

(2)在藏语夏河话的研究中，塞音的变化主要集中在成阻的前期和后期，而在中间部位的各视位指标在目标位置会保持一段时间。实验发现舌尖音在成阻前期唇形变化大，舌面音在成阻后期变化大。送气塞音在成阻后期双唇会明显突起，而不送气塞音则突起不明显。在塞擦音的动态视位研究中发现，各部位变化主要集中在成阻前期。当口腔内形成阻碍后不送气塞擦音各部位会在目标位置保持一段时间，但送气塞擦音的各部位在这个过程中会有一定的变化幅度。鼻音的动态视位变化较少，但变化幅度较大，各部位的变化主要配合鼻腔发音，所以在成阻段唇形变化特征不突出，在协同发音的过程中受后接元音/a/的逆向影响较大。实验发现擦音在成阻段变化分布不均匀，在发舌尖音时变化幅度小，而发舌面音时变化幅度较大，尤其上下唇突度变化比较突出。颤音和边音以及半元音的变化主要集中在成阻前期，舌位到达目标位置后，唇形会在目标位置保持较长的时间，直到除阻结束。

(3)在分析藏语夏河话元音和辅音的动态视位相似性的实验中，利用动态视位口型分解方法，把发音动作的唇形动态视位分解为三部分，即形成口型、保持口型和解除口型，并对各部分口型的 5 个视位指标(外唇宽度、外唇高度、上唇突度、下唇突度和嘴角拉伸度)进行相似性判断。最后将藏语夏河话元音动态视位归纳为 6 类口型，将藏语夏河话辅音动态视位归纳为 13 类口型。

(4)笔者利用藏语夏河话人脸运动捕捉的三维动态视位数据和音视频数据，建立了藏语夏河话单音节音视频及唇形视位特征数据库，形成了一套"藏语夏河话动态视位特征数据库"系统，并且通过唇形视位数据的分析，绘制了藏语夏河话元音和辅音所对应的目标位置唇形视位图。

5.2 存在的问题

本研究仍存在以下一些问题，需要在未来的研究中加以改进：

(1)在数据采集过程中，笔者采用了语言学的方法来整理发音词表、采集视位特征数据，并从中提取出具有语言学意义的唇形参数。尽管笔者尽量确保所使用数据的准确性、规范性和全面性，但由于数据量相对较少，笔者未能对藏语夏河话进行更全面的系统分析。在未来的研究中，笔者将重点关注并解决这一问题。

(2)在提取上下唇突度和嘴角拉伸度数据时,笔者没有提出更好的方法,只能在前人研究的基础上进行改进后提取本实验所需数据。笔者期望在未来的科研中利用设备的自身功能来改善数据提取的问题。

(3)在元音的研究中,笔者仅区分了圆展唇元音的唇形动态视位特征。然而,夏河话中的/o/是半高圆唇元音,/u/是高圆唇元音,因此进行比较分析的意义不大。在未来的研究中,笔者计划对藏语其他方言的圆唇元音进行分析。

通过改进上述存在的问题,笔者希望能够更深入地研究藏语夏河话的动态视位特征,为语音合成技术的发展提供更多有价值的见解。

5.3　展望

由于各种因素的限制,本文未能对夏河话的动态视位进行全面的研究,这一研究将在后续的研究中继续进行探讨。

(1)尽管本文对动态唇形视位进行了详细的分析和讨论,但相对而言,对下颌和舌头的分析较为有限,仅对目标位置进行了简单的描述,而并未对其进行动态分析。采集舌头的运动轨迹需要借助其他仪器设备,而下颌的运动变化对语言产生的复杂性使得这一领域的研究在未来将逐步展开。

(2)本文由于人力、物力及技术的限制,未能进行大规模的数据采集,而只采用了小样本数据进行分析和讨论。未来将充分利用深度学习的方法,从海量数据中高效地提取出视位特征,有助于全面了解发音的生理特征。可以预见,未来利用深度学习来分析视位特征将成为必然的趋势。

(3)本文仅从语言学理论层面对藏语夏河话进行了分析和讨论,而未涉足视位合成领域的探讨。然而,随着可视语音技术的不断发展,人们对可视语音合成的需求也在不断提高。因此,利用人脸运动捕捉技术进行可视语音研究将成为未来的研究热点之一。

参考文献

[1]安丹丹．基于 MPEG-4 的任意嘴唇曲线的动画生成[D]．沈阳:辽宁师范大学，2009.

[2]鲍怀翘，林茂灿．实验语音学概要(增订版)[M]．北京:北京大学出版社，2016.

[3]陈小莹，艾金勇，于洪志．藏语拉萨话单音节嗓音声学参数分析[J]．中文信息学报，2015，29(3).

[4]陈彧．基于超声波检测的汉语普通话基础元音发音的舌体运动研究[D]．天津:南开大学，2011.

[5]单卫，姚鸿勋，高文．唇读中序列口型的分类[J]．中文信息学报，2002，16(1):31-36.

[6]丁丽娟．藏语夏河话唇位声学分析[D]．兰州:西北民族大学. 2012.

[7]方小勇．人脸运动捕捉数据处理及表情动画重构研究[D]．大连:大连理工大学，2010.

[8]冯蒸．国际音标元音舌位图中与舌位高低有关的几个问题[J]．外语教学与研究:外国语文双月刊，1995(2):7-16.

[9]傅佳瑶．基于红外三维运动捕捉系统的藏族锅庄舞 3D 模型设计与实现[D]．兰州:西北民族大学，2015.

[10]格桑居冕，格桑央京．藏语方言概论[M]．北京:民族出版社，2002.

[11]何向真．藏语拉萨话语音三位视位特征研究[D]．兰州:西北民族大学，2016.

[12]华侃.安多方言复辅音声母和辅音韵尾的演变情况[J].西北

民族大学学报(哲学社会科学版),1982(1):9.

[13]华侃．藏语安多方言词汇[M]．兰州:甘肃民族出版社,2002.

[14]华林．藏文历史档案研究[M]．昆明:云南大学出版社,2006.

[15]黄伯荣,廖序东．现代汉语[M]．北京:高等教育出版社,2017.

[16]孔江平,于洪志,李永宏,等．藏语方言调查表[M]．北京:商务印书馆,2011.

[17]孔江平．藏语(拉萨话)声调感知研究[J]．民族语文,1995(3):9.

[18]孔江平．实验语音学基础教程[M]．北京:北京大学出版社,2015.

[19]李永宏．安多藏语语调的声学特征分析[D]．兰州:西北民族大学,2006.

[20]罗安源,金雅声．简明实用语音学[M]．北京:中央民族学院出版社,1990.

[21]罗常培,王均．普通语音学纲要(修订本)[M]．北京:商务印书馆,2002.

[22]罗冠,郝重阳,张雯,等．虚拟人技术研究综述[J]．计算机工程, 2005, 31(18):7-9.

[23]马宁．藏语夏河话音节内协同发音声学研究[D]．兰州:西北民族大学,2013.

[24]孟庆梅,吴伟国,曲建俊．基于视位的仿人头像机器人的基本口形系统研究[J],机械设计与制造,2010,2(2):152-154.

[25]潘晓声,孔江平．普通话圆唇研究[J]．语言学论丛,2014(2):14.

[26]潘晓声．汉语普通话唇形协同发音及可视语音感知研究[D]．北京:北京大学,2011.

[27]瞿霭堂．藏语的韵母研究[M]．西宁：青海民族出版社,1991.

[28]索宁．基于运动捕捉的虚拟人关键技术研究[D]．北京：中国矿业大学，2011.

[29]唐娟．普通话和上海话中单元音圆唇度考察研究[D]．上海：华东师范大学,2008.

[30]王安红．普通话语音视位系统初探[D]．北京：北京语言文化大学,北京语言大学，2000.

[31]王倩．虚拟“双簧”：三维人脸的唇动合成和表情合成[D]．哈尔滨：哈尔滨工业大学,2010.

[32]王双成,藏语安多方言语音研究[M]．上海：中西书局,2012.

[33]王双成．安多藏语的复元音韵母[J]．西藏研究,2005(3)：5.

[34]王燕凤．宝安语语音声学和生理特征研究[D]．兰州：西北民族大学,2018.

[35]王跃．基于汉语协同发音模型的文本驱动三维口型动画合成研究[D]．济南：山东财经大学,2014.

[36]王志明,蔡莲红．动态视位模型及其参数估计[J]．软件学报，2003，14(3)：461-466.

[37]王志明．汉语视位建模及可视语音的研究[D]．北京：清华大学,2003.

[38]吴宗济,林茂灿．实验语音学概要[M]．北京：高等教育出版社,1989.

[39]晏洁．显示具有真实感的三维合成人脸图形的两种方法[J]．计算机工程,1998,24(1)：49-52.

[40]杨明浩．说话人无关的语音驱动发音可视化[C]．第十二届全国人机语音通讯学术会议(NCMMSC2013)论文集,2013.

[41]于洪志,李永宏,等．安多藏语单音节声学参数数据库研究探讨[C]．第十一届全国民族语言文字信息学术研讨会论文集,2007.

[42]张冬旭．藏语夏河话复辅音唇形分析[D]．兰州：西北民族大

学，2014.

[43]张金爽．藏语拉萨话新闻朗读呼吸和韵律研究[D]．兰州：西北民族大学,2012.

[44]张泽梁．唇读识别中若干问题的研究[D]．长春：吉林大学,2012.

[45]郑文思．藏语夏河话文本驱动唇形参数合成系统[D]．兰州：西北民族大学,2013.

[46]钟晓,周昌乐．一种面向汉语语音识别的口形形状识别方法[J]．软件学报,1999,10(2):205-209.

[47]左力,李治国,李锦涛,等．基于标注图像的 MPEG-4 人脸运动参数获取方法[J]．系统仿真学报,2001(S2):497-501.

[48]Abry C,Boe L J. "Laws"for lips[J]. Speech Communication, 1986,5(1):97-104.

[49] Alexanderson S, Beskow J. Animated Lombard speech: Motion capture, facial animation and visual intelligibility of speech produced in adverse conditions[J]. Computer Speech & Language, 2014,28(2):607-618.

[50] Bell-Berti F, Harris K. Anticipatory coarticulation: Some implications from a study of lip rounding[J]. The Journal of the Acoustical Society of America,1979,65(5):1268.

[51]Calvert G A,Bullmore E T,Brammer M J,et al. Activation of auditory cortex during silent lipreading[J]. Science Apr 25,1997, 1997,276(5312):593-596.

[52] Dodd B, Campbell R, Burnham D. Hearing by eye: The psychology of lip-reading[M]. Erlbaum London, 1987.

[53] Ezzat T, Poggio T. MikeTalk: A Talking Facial Display Based on Morphing Visemes. In: Proceedings of the Computer Animation Conference, Philadelphia, USA, 1998, 96-102.

[54] Ladefoged P. Acourse in phonetics[M]. Harcourt Brace

Jovanovich New York,1975.

[55]Magnenat-Thalmann N, Primeau E, Thalmann D. Abstract muscle actions procedures for human face animation[C]. The Visual Computer. 1988:290-297.

[56] Morishima S, Harashima H. A media conversion from speech to facial image for intelligent man-machine interface[J]. IEEE Journal on Selected Areas in Communications, 1991, 9(4):594-600.

[57]Ostermann J. Animation of synthetic faces in MPEG-4[J]. Computer Animation, 1998:49-55.

[58]Terzopoulos D, Waters K. Analysis and Synthesis of Facial Image Sequences Using Physical and Anatomical Models[J]. IEEE Transactions on Pattern Analysis & Machine Intelligence, 1993, 15 (6):569-579.

[59]Yotsukura T, Morishima S, Nakamura S. Construction of Audio-Visual Speech Corpus Using Motion-Capture System and Corpus Based Facial Animation. [J]. Ieice Transactions on Information & Systems, 2005, 88(11):2477-2483.